Hervé BASTIEN

La Fureur des Princes

Pièce en cinq actes

2003

PERSONNAGES

La Fureur des Princes a été jouée pour la première fois le 30 novembre 2003 au théâtre de l'Athénée de Rueil-Malmaison (92) sous la direction de Hervé BASTIEN et avec la distribution suivante :

Henri III, Roi de France.................................... *Anthony GAVARD*
Henri de Guise, Prince de Lorraine .... *Hervé BASTIEN*
Catherine de Médicis, Mère du Roi....................... *Angélina ALIAS*
Alençon, frère du Roi et
Mendoza ambassadeur du Roi d'Espagne....................*Nicolas LEROY*
Laugnac, capitaine de la garde du Roi................... *Bertrand AMIEL*
Ornano, capitaine de la garde corse .... *Christophe BOURDES*
Du Guast, conseiller du Roi,
Sylvius le mendiant,
Le Cardinal de Bourbon et l'abbé d'Elbène..........*Jacques BERNET*
Guérin le mendiant............................. *Jean-Marie PENEAU*
Louise de Lorraine, Reine de France ....*Katia SMEDSLUND*
Navarre, Prince du Sang et Mercœur, Ligueur ....*Vincent DUVIAU*
Joyeuse, favori du Roi, un représentant huguenot,
Le médecin.. *Bruno CHARRIER*
Quélus et Bellegarde, favoris du Roi. .... *Florian PIERRE*
Le Cardinal de Lorraine, frère de Guise ....*Thomas GERAUDIE*
Mayenne, frère de Guise .... *Yann SOITIÑO*

Technique son et lumière : Franck VEBER
Costumes : Charlette CAUJAT
Chorégraphies des combats épées et dagues : Yann SOITIÑO

à Loreina, mon alérion ...

Introduction

Le Mendiant – Nous vivons une époque bien singulière… Une époque si raffinée, si exubérante, tellement portée sur les plaisirs de la vie que l'on en oublierait presque combien elle est sauvage, violente, cruelle.

Nous sommes en l'an de grâce 1574. Mais cela aurait pu être n'importe quelle autre date.
A peu près deux ans se sont écoulés depuis la nuit de la Saint Barthélemy. Cette fameuse nuit du 24 août est encore dans toutes les mémoires des Parisiens. Le glas résonnait comme il résonne en ce moment au loin. Sa lugubre complainte se fait entendre depuis un peu partout dans les provinces du royaume, annonçant quelque nouveau massacre ou bien déclenchant quelque nouvelle tuerie. Il ne se passe plus une semaine sans qu'un village, une bourgade ne soit décimé. Les campagnes sont ravagées. Les arbres ne donnent plus de fruits : leurs branches portent aujourd'hui des cadavres parfois si mûrs qu'ils se détachent tout seuls.
Oui, une époque bien singulière…

Le roi Charles, neuvième du Nom, vient de mourir de tuberculose, baignant dans son sang.
Son frère, Henri, éphémère roi de Pologne, quitte ses infortunés sujets pour rejoindre le royaume des lys. Un petit détour par Venise lui fera découvrir de nouveaux plaisirs, de nouveaux raffinements.
Ayant appris que la belle Marie de Clèves, avec qui il avait projeté de se marier, venait de mourir, il annonce qu'il choisit la tendre et douce Louise de Lorraine pour épouse. Celle-ci sera une reine parfaite : entièrement dévouée à son mari, passant ses journées à prier à l'église et l'attendant le soir venu dans sa couche pour engendrer cet héritier tant attendu.

La Reine Mère, Catherine de Médicis. A défaut d'un nom de noblesse prestigieux, sa famille a de l'argent. Issue d'une dynastie de banquiers florentins, le peuple la surnommera dédaigneusement « la marchande ». Une jeunesse à se taire, à subir les nombreuses humiliations de la Cour de France qui lui fait bien sentir ses origines de parvenue. Son mari, le roi Henri II la trompait ouvertement avec la belle Diane de Poitiers. Maintenant que ses fils règnent, elle se venge et gouverne dans l'ombre. Elle a le goût du pouvoir mais aussi de la magie noire et pratique l'astrologie. Connaître l'avenir peut s'avérer bien utile en politique.

Henri de Guise. Il aime les jolies femmes et la guerre. Tout le contraire de son royal cousin. La foule l'adore. Lui, adore qu'on l'adore. Catholiques intransigeants, lui et ses frères, le Cardinal de Lorraine et Mayenne, revendiquent une seule religion dans le royaume : celle de la Sainte Eglise. Une foi, une loi, un roi. Mais quel roi ? Il est, paraît-il, descendant de Charlemagne par la branche lorraine. Encore un qui sent que le Trône est à sa portée. Pourquoi pas ? Il ferait peut-être un bon roi.
Seulement, en France, pour être roi, il faut être bien né. Et Navarre est mieux placé que lui pour ce rôle.

Navarre. Celui que les princes dédaigneux de la Cour surnomment le Béarnais, le petit paysan puant l'ail. Les Français détestent les princes pauvres. Il a vu ses meilleurs amis se faire égorger lors de la nuit du 24 août. Lui-même n'a eu son salut qu'a son abjuration de sa foi huguenote. « *Bon catholique ! Bon catholique !* » criait-il en brandissant un missel.

N'oublions pas Alençon, le petit frère du roi. Lui, n'a rien. Il n'est jamais satisfait de son sort. Prêt à s'enflammer pour n'importe quelle cause, pourvu qu'il obtienne des privilèges et une armée.

Enfin, quelques uns des fidèles gentilshommes d'Henri, ceux que l'on surnommera les Mignons. Gramont, Quélus, d'Epernon, Joyeuse. Fidèles parmi les fidèles. Ils défraieront la chronique par leurs mœurs et leurs attitudes scandaleuses. Ils mourront pourtant presque tous avant l'âge de trente ans pour défendre l'honneur de leur roi et ami. L'honnêteté et la fidélité sont des notions bien mal récompensées en politique.

Mais je parle, je parle, et la tragédie est déjà en train de se dérouler. Car, soyez-en sûrs, la tragédie aura bien lieu pour chacun d'entre eux. Leur destin est déjà écrit. Le destin de ces hommes et femmes figés dans le temps, dans l'Histoire de l'Humanité.

Comme semble être déjà figé le notre pour les générations futures qui nous jugeront à leur tour…

ACTE PREMIER

Scène 1

Dans l'une des salles d'apparat du Louvre, la Cour est réunie.

Henri III - Je remercie cette noble et fidèle assemblée venue fêter avec ma famille ce jour si important ! Sachez que je m'efforcerai d'être un roi juste et bon envers mon peuple. Soyez-moi fidèles, aidez-moi à rétablir la paix et la prospérité dans mon royaume, et je saurai me souvenir de vous et ne serai pas ingrat. Je tenais également à confirmer devant vous le maintien de Monsieur Du Guast, ici présent, dans ses fonctions de Conseiller Principal du Roi, tâche qu'il remplit à merveille depuis mon retour de Pologne. Mais assez parlé de politique ! Place à la fête, à la musique, à la danse, et que nous nous amusions autant que dans les palais vénitiens !

La musique et les danses reprennent

Alençon - Joli discours, Majesté. Cependant, je suis surpris du choix de Monsieur Du Guast pour un poste si important.

Du Guast - N'en déplaise à Monsieur, mais le Roi me considère apte et tout à fait qualifié pour cette charge. Et croyez bien que je continuerai à le servir avec un dévouement sans bornes.

Henri III - Monsieur, mon frère, je pensais vous voir un peu avant mon arrivée à ce bal pour que nous y paraissions ensemble.

Alençon - Pardonnez-moi, Sire, mais des affaires de dernière heure m'ont quelque peu retardé.

Catherine de Médicis - Prenez garde, mon fils, que ces affaires ne vous retiennent plus que de raison…

Henri III - Ma mère, mon frère, cessons de parler à mots couverts et montrons à cette Cour combien les Valois sont unis et solidaires. *(À Guise)*, Le bonjour, cousin. Vous me semblez soucieux. Êtes-vous menacé pour venir accompagné de votre escorte personnelle et ce, jusqu'à l'entrée de mes salons ?

Guise - Avant de partir pour le palais, nous avons été informés que certaines rues de Paris étaient en effervescence. J'ai préféré prendre quelques précautions.

Catherine de Médicis - Sage précaution, monsieur le Duc. L'on se fait si vite assassiner, à notre époque.

Guise - Certes, madame. Nous ne sommes pas à l'abri d'un de ces fanatiques protestants.

Alençon - L'on dit, cher cousin, que ce sont vos gens qui troublent l'ordre public.

Le Cardinal - C'est parfaitement ridicule ! Ce sont ces satanés huguenots qui blasphèment contre la Sainte Eglise et l'autorité royale !

Henri III - Il suffit ! Monsieur le Duc, pardonnez les paroles de Monsieur mon frère. Je veux croire que son intervention virulente soit le reflet de son inquiétude envers ma personne.

Guise - C'est tout à l'honneur de Monsieur. Chacun ici se souci de la sécurité du Roi. Mais je vois également monsieur de Navarre. Comment vous portez-vous, cher cousin ? Je vous trouve le teint pâle. L'air de Paris ne semble guère vous convenir.

Navarre - Monsieur le Duc a tout à fait raison : l'air y est assurément moins respirable que dans le Béarn.

Henri III – Monsieur de Guise, j'ose espérer que vous m'aiderez à réconcilier mes sujets entre eux.

Guise – Vous pouvez compter sur moi, Majesté. L'objet premier de notre visite était de vous présenter notre soumission et notre dévouement. Rien de plus.

Henri III - Je reçois cet hommage avec grand plaisir, cousin. Notre union ne sera pas de trop pour reconstruire mon royaume et rétablir la paix dans mes provinces.

Le Cardinal - Il suffirait pour cela d'interdire définitivement la religion réformée, Sire.

Henri III - Monsieur le Cardinal se veut-il mon conseiller en matière de gouvernement ? Ne vous en déplaise, je ne pense pas qu'interdire à tout va soit le meilleur des remèdes pour restaurer une paix solide et durable.

Le Cardinal - Majesté, permettez-moi de vous faire remarquer que sans une religion forte et unique, vous ne régnerez...

Henri III - Il suffit, monsieur ! J'ai assez souffert vos conseils ! Tout Prince d'Eglise que vous êtes, je vous trouve bien hardi pour oser me faire la leçon en mon palais !

Guise - Aussi permettez que nous nous retirions, Sire. Nous étions venus vous assurer de notre total dévouement, chose qui est à présent faite. Nous ne vous dérangerons pas plus longtemps. Majesté...

Ils s'inclinent et sortent

Catherine de Médicis - J'espère mon fils, que vos réprimandes n'ont point cassé les liens fragiles qui nous unissaient aux Guise.

Henri III - Ne vous inquiétez pas, ma mère. Ils ont trop besoin de mon soutien pour revendiquer leur rang de Princes.

Alençon - Profitons de cet affront pour les désavouer en public et les forcer à plier genou !

Du Guast - Et soulever ainsi contre nous les fervents défenseurs de cette famille ? Ce serait un trop grand risque, Monsieur !

Alençon - Oh, vous ! Cessez vos manières et quittez vos grands airs ! Vous n'êtes qu'un parvenu qui se permet de donner des leçons. Laissez les Grands gouverner, Monsieur Du Guast, et retournez dans votre baronnie de province !

Henri III - Monsieur Du Guast a raison, mon frère. L'on dit que le Duc de Guise serait prêt à s'allier avec le Roi d'Espagne à la première occasion. Je n'entends pas favoriser une telle alliance en l'attaquant de front.

Laugnac - Quelles sont vos instructions, Sire ?

Henri III - Ne rien faire pour le moment, sauf nous amuser et oublier un instant nos soucis !

Scène 2
La salle du Trône. L'on voit Henri III lire attentivement plusieurs missives.

Henri III - Quel désastre ! Jamais roi n'a hérité royaume plus ravagé, plus ruiné que le mien ! Plus un écu en caisse. Et pourtant : il me faut lever une nouvelle armée, solder une police, aménager des travaux dans Paris, restaurer des provinces touchées par la guerre civile !

Du Guast - Majesté, la dernière fête de la Cour a coûté très cher ! Si je puis me permettre, vous devriez réguler davantage les dépenses réservées aux fastes du palais.

Henri III - Je le sais, mon ami. Hélas ! Il me faut entretenir certains seigneurs pour m'assurer de leur loyauté envers moi. Et les plaisirs de la Cour me permettent de distraire certains gentilshommes prêts à se soulever contre moi à la première occasion. Je ne suis Roi que depuis quelques mois, et je n'arrive pas à renflouer le Trésor…

Du Guast - Votre générosité risque de vous perdre. Il faut reconstruire de toute urgence l'armée. Les Anglais menacent de repende Calais, et les Espagnols sont prêts à franchir les Pyrénées !

Henri III - L'armée. Mon armée. Vous souvenez-vous, Du Guast, de l'époque où je chargeais les huguenots à Moncontour et à Jarnac, dans mon armure étincelante, panache au vent, fièrement campé sur mon destrier harnaché de métal ? Une foule énorme de soldats me suivait en criant mon nom en vainqueur : « *Anjou ! Anjou ! Gloire et longue vie au Duc d'Anjou !* ». Je n'avais pas dix-huit ans et je combattais pour la gloire du Roi mon frère. Aujourd'hui, c'est moi qui suis couronné, mais je n'entends plus ces cris de louanges.

Du Guast - L'heure n'est pas à la mélancolie du temps passé, Majesté ! Réagissez, je vous en prie ! Ne vous laissez point décourager par l'ampleur de la tâche à accomplir !

Henri III - Et comment remplir les coffres du royaume ? En levant de nouveaux impôts sur le peuple ? Il n'a déjà que trop donné, et je ne veux point lui infliger de nouvelles souffrances. Non, il me faut prélever l'argent sur les classes riches.

Du Guast - Votre Majesté n'y pense pas sérieusement ! On ne touche pas impunément aux privilégiés de l'impôt !

Henri III - Et qui oserait passer outre la volonté du Roi ? S'il faut reconstruire le royaume, chacun devra mettre la main à la bourse : commerçants, magistrats, bourgeois et même le clergé !

Du Guast - Le clergé ? Cela ne va pas améliorer vos relations avec le Vatican.

Henri III - Ne suis-je pas Roi devant Dieu ? Je suis défenseur de l'Eglise et de Rome, il est normal que je réclame mon dû.

Du Guast - Il sera fait comme vous le désirez, Sire.

Il s'incline et sort

Henri III *(seul)* - Mon Dieu, aidez-moi ! Faites que je sois à la hauteur de la mission que vous m'avez confiée !

La Reine arrive

La Reine - Monseigneur me permet-il d'entrer ? J'ai aperçu monsieur Du Guast sortir, et j'en ai conclue que vos travaux étaient terminés.

Henri III - Ah, Louise, ma tendre et chère épouse ! La seule personne qui me veuille réellement du bien dans ce palais !

La Reine - Vous êtes enfermé depuis ce matin, à travailler. Si nous allions nous promener ? Faites moi encore visiter Paris !

Henri III - Ma petite reine chérie. Je vous ai déjà presque tout présenté ! Voulez-vous aller à Notre-Dame, ou aux Innocents ?

La Reine - J'aimerai que vous m'emmeniez à la Foire Saint-Germain.

Henri III - Pourquoi pas ? Nous pourrions y aller incognito et nous mêler à la foule, qu'en dites-vous ?

La Reine - Oh, oui, ce sera très amusant ! Faudra-t-il nous déguiser ?

Henri III - Pour sûr ! Vous ne voudriez tout de même pas y aller en robe de Cour ?

La Reine - Oh, mon Roi ! Comme je suis heureuse et bénie des fées de vous avoir rencontré ce jour-là dans le triste castel de mon père ! Et que le Ciel soit remercié mille fois d'avoir fait en sorte que vous posiez vos yeux sur moi !

Henri III - Vous étiez le bijou resplendissant de cette Cour de province, Madame. Mais vous n'êtes plus en Lorraine. Vous verrez que les hivers, ici, sont moins tristes, et que nous avons moultes occasions de rompre la monotonie de cette saison.

La Reine - Peu m'importe l'endroit où je me trouve, du moment que je suis près de mon Roi bien-aimé.

Arrive Ornano

Ornano - Que vos Majestés excusent mon intrusion…

Henri III - Et bien, Ornano. Qu'y a-t-il ?

Ornano - Sire, une troupe d'hommes demande à vous voir sur-le-champ !

Henri III - Sur-le-champ ? Et qui sont ces hommes si pressés ?

Ornano - Des huguenots, Sire ! Ils se sont constitués en assemblée de la république réformée !

Henri III - Une assemblée de la république réformée ? Quelle est cette invention ?

La Reine - Monseigneur, ne les recevez point ! Ils vous menaceront dès qu'ils seront entrés dans cette salle !

Henri III - Le risque serait beaucoup plus grand si je ne leur accordais pas audience. Voyons ce qu'ils veulent. Ornano !

Ornano - Sire ?

Henri III - Fais venir mon conseiller Du Guast et amène cette assemblée.

Ornano s'incline et sort

La Reine - Sire, je crains pour vous. Permettez que je reste à vos côtés.

Henri III - Que nenni, ma petite reine. Je vous conjure de me laisser à ces affaires-là. Pour ce qui est de notre sortie, je me vois dans l'obligation de la repousser à plus tard.

La Reine - Je vous attendrai dans mes appartements.

Elle sort. Ornano revient avec Du Guast. Suivent les représentants huguenots. Ils s'inclinent

Henri III - Que signifie cette intrusion, messieurs ? Sied-t-il à des gentilshommes d'entrer en trombe sans prévenir ?

Un huguenot - Que votre Majesté veuille bien excuser cette arrivée soudaine. Nous sommes envoyés par le Prince de Condé, notre chef.

Henri III - Le Prince de Condé. Que me veut-il ?

Un huguenot - Le Prince menace d'envahir plusieurs villes de provinces si vous ne déclarez pas l'égalité absolue entre les religions catholiques et protestantes.

Henri III - L'égalité absolue ? Rien que cela ? Dites à Monsieur de Condé, tout Prince de sang qu'il est, qu'il se permet bien des libertés, notamment celle de me menacer dans mon propre palais. Et quoi : il soulève une armée contre moi, saccage le pays, et maintenant, m'envoi une délégation me sommant d'obéir à ses ordres ! Vous direz également à votre maître, que je refuse de satisfaire sa réclamation ! Je refuse d'octroyer d'autres privilèges aux protestants ! Et si le Prince de Condé me déclare la guerre, je lèverai contre lui une armée telle, que je l'écraserai, lui et ses alliés, jusque dans ses terres ! Me fais-je bien comprendre ?

Un huguenot - Les paroles de Votre Majesté seront fidèlement répétées à notre maître. Nos hommages, Sire.

Ils s'inclinent et sortent accompagnés d'Ornano

Du Guast - Ces huguenots se permettent bien des insolences envers vous, Sire. C'est tout juste si cette délégation ne vous a pas déclaré la guerre !

Henri III - L'égalité des deux religions ! Si j'avais accepté, le peuple de Paris me jetait au bas de mon trône !

Du Guast - Vous avez pris la décision qui s'imposait, Sire. Allez vous reposer. Nous nous retrouverons demain au Conseil.

Henri III - Merci, mon ami. Mais me reposer est chose presque impossible : une nouvelle nuit de cauchemars m'attend. Parfois, il me semble voir apparaître les fantômes de mes défunts frères. De mes compagnons morts l'épée à la main pour moi. Et savez-vous ce qu'ils me murmurent toutes les nuits, Louis ? Ils me supplient de venir les rejoindre : *« Viens, viens ! Laisse les chiens te dévorer. A quoi bon leur résister puisque ton sort est lié au notre ! Rejoins-nous dans le sépulcre de marbre blanc où nous t'attendons ! »*

Du Guast - Si je puis me permettre, vous devriez cesser d'assister aux séances de magie noire organisées par ce sorcier florentin et votre mère, Sire.

Henri III - Tu sais ce que ma mère m'a appris, hier soir ? Que la dynastie des Valois disparaîtrait avec moi ! Cet astrologue l'a déchiffré dans les entrailles d'un poulet, il y a plusieurs années déjà…

Du Guast - Majesté, taisez-vous, je vous en conjure ! Vous êtes marié depuis peu à une ravissante reine qui ne manquera pas de vous donner de nombreux héritiers. Et au pire des cas, il reste Monsieur, votre frère !

Henri III - Mon avorton de frère, ce chien galeux, rongé par la petite vérole ! Toujours prêt à me trahir ! Que voilà un admirable parti si je venais à disparaître !

Du Guast - Monseigneur…

Henri III - Il n'attend que ma mort pour monter sur ce trône ! Tu le sais aussi bien que moi ! Ce trône tout maculé de sang est un héritage bien lourd, sais-tu ? Parfois, l'envie me prend de pouvoir m'effacer de la mémoire des hommes. De pouvoir m'échapper bien loin de toute cette rage, de ce palais qui sent la mort. Car je la sens, Louis. Je la sens qui m'épie derrière chaque tenture, derrière chaque colonne, prête à s'emparer de mon âme et l'emmener rejoindre tous ces fantômes moqueurs... Aussi je sens que même la mort ne pourra m'être d'aucun secours... Où pourrai-je trouver quelque repos ?

Du Guast - Vous êtes un jeune souverain, Sire ! C'est l'accumulation des responsabilités qui vous fait parler ainsi. Allez vous allonger un peu, je vous en prie.

Henri III - Ainsi, même toi, mon brave Du Guast, tu ne me comprends pas. Qui le pourrait, d'ailleurs ? Je vais donc rejoindre mes fantômes. Espérons qu'ils ne riront pas trop fort cette nuit... *(Il sort)*

Du Guast – Ne vous inquiétez pas, Sire, je m'occupe de tout ...

Scène 3
Alençon attend nerveusement dans la pénombre des couloirs du Louvre. Arrive Navarre.

Alençon - Enfin, vous voilà ! Je désespérais de vous voir arriver !

Navarre - Monsieur, j'ai dû déjouer la vigilance de mes gardiens et semer les espions du Roi ! Qu'y a-t-il ? Pourquoi cette hâte à vouloir me rencontrer ici ?

Alençon - Je voulais vous dire au revoir. Je quitte le Louvre cette nuit avec mon escorte !

Navarre - Vous fuyez ? Vous m'abandonnez ici, au milieu de cette Cour ?

Alençon - Non, cousin. Je ne vous abandonne point ! Je prépare au contraire votre retour en votre royaume de Navarre !

Navarre - J'avoue ne pas comprendre.

Alençon - Je rejoins les provinces de l'Ouest, où m'attend une armée que mes hommes ont levée ! Je prends la tête du Parti des Malcontents du gouvernement du Roi !

Navarre - Ainsi, vous déclarez donc ouvertement la guerre au Roi ?

Alençon - Je suis las d'attendre ses faveurs. Il préfère octroyer des responsabilités et des charges à ses favoris ! Moi, son frère, qu'ai-je reçu ? Rien ! Il me traite comme le dernier de ses valets ! Alors je fuis, oui ! Je fuis pour revenir en vainqueur, et occuper le rang qui me revient de droit ! Vous aussi, cousin, vous devez partir ! Votre place est au milieu de vos gens, en Navarre, et non pas de jouer le galant homme en ce palais !

Navarre - Je ne le sais que trop, Monsieur. Pensez-vous vraiment que je n'y ai jamais songé ? Seulement, les espions de la Reine Mère et du Roi ne me laissent pas un moment de répit pour tromper leur vigilance. Je crains même qu'ils ne soient déjà au courant de cette entrevue ! Le risque est trop grand de nous rencontrer en ces couloirs ! Mettons vite un terme à cet entretien, et rejoignez vos gens maintenant, avant que les bruits de votre fuite ne parviennent aux oreilles de nos ennemis !

Alençon - Soit, la prudence me pousse à vous quitter bien promptement, mais soyez assurés que je travaillerai pour vous arracher aux griffes de cette Cour ! Si la moindre occasion se présente à vous pour me rejoindre, saisissez-la ! Nous unirons nos forces et serons en mesure de faire plier le Roi à nos exigences !

Navarre - Entendu !

Alençon - A bientôt, cousin ! Je serai avec vous par la pensée !

Il sort

Arrivent le Roi et Du Guast.

Henri III - Mais je ne me trompe pas : il s'agit bien de Monsieur de Navarre. Que faites-vous dans cette partie du palais sans flambeaux et sans escorte ?

Navarre – Le bonsoir, Majesté. Est-il défendu de se promener hors de ses appartements à la nuit tombée ?

Henri III - Certes non, mon cousin. Mais à voir votre mine, on jurerait que vous êtes en train de ourdir quelque manigance et quelque cachotterie.

15

Navarre - Vous vous trompez, Majesté. Il m'est nécessaire, parfois, de m'isoler et d'échapper un temps aux yeux de la Cour.

Du Guast - Vous ne devriez pas rester seul dans cette partie du Louvre, Monsieur. C'est un lieu propre aux embuscades de toutes sortes, et votre vie elle-même pourrait être menacée !

Navarre - Colonel, je vous remercie de votre sollicitude à mon égard. Je ne croyais pas que mon existence pouvait vous être aussi précieuse.

Henri III - Monsieur de Navarre, je voulais vous entretenir au sujet de l'armée levée par notre cousin de Condé dans le Midi ! Etes-vous toujours en relation avec lui ?

Navarre - Et comment le pourrai-je, Sire ? Je ne peux sortir de ce palais que sous bonne escorte et les affaires huguenotes me sont dorénavant totalement étrangères !

Henri III - Je l'espère, cousin. Il me déplairait assez que vous soyez mêlé de prêt ou de loin aux complots qui se trament contre moi ! Rentrez donc dans vos appartements sans tarder, maintenant.

Navarre – Bien, Sire.

Il sort

Henri III - Mon ami, cette rencontre nocturne ne me dit rien qui vaille ! Plus le temps passe, et plus je me rends compte que je suis seul ! Mais le temps viendra où je démasquerai tous mes ennemis !

Arrive Ornano, suivi de Catherine de Médicis

Ornano - Sire ! Votre frère ! Il s'est enfui du Palais !

Henri III - Que dis-tu ? C'est impossible !

Ornano - Hélas, Majesté ! Ce message nous est parvenu à l'instant !

Henri III - Un message ? Donne ! *(lui arrache le billet des mains et lit)* Ainsi, il a osé ! Je savais que mon frère ne me portait pas dans son cœur, mais de là à me déclarer la guerre…

Catherine de Médicis - L'affaire est très grave, mon fils ! François parle de se joindre à Condé et les huguenots allemands nous menacent à l'Est !

Du Guast - Majesté ! Battez-vous ! Montrez leur qui est le Roi, dans ce pays !

Catherine de Médicis - Monsieur Du Guast ! Le Roi de France est assailli à l'Est, au Sud et maintenant à l'Ouest ! Si ces trois armées venaient à attaquer simultanément, le pays serait écrasé et retournerait à l'anarchie la plus complète ! Est- ce cela que vous voulez ?

Henri III - Toujours est-il que je ne peux me permettre de laisser cette armée allemande menacer mes frontières. Nous allons donc jouer serré : Je vais envoyer mon cousin de Guise avec mon armée se battre pour moi et mon royaume…

Catherine de Médicis - J'espère que vous savez ce que vous faites, mon fils. Vous jouez votre couronne dans cette bataille

Henri III - Ma mère, je ne suis pas sourd aux bons conseils que vous me donnez. C'est pourquoi, je vous laisse le soin de raisonner mon avorton de frère, et de le faire revenir à la Cour le plus rapidement possible.

Catherine de Médicis - Bien, mon fils. Il serait sage, en effet, que vous fassiez la paix avec François.

Henri III - Et maintenant, prions le Ciel afin de conserver ma couronne, et que Monsieur de Guise gagne cette bataille !

Scène 4

Le cabinet du Roi. Henri III est entouré de sa mère, de Du Guast, Quélus, et Joyeuse. On entend le bruit de la foule en liesse au loin.

Catherine de Médicis *(à Du Guast)* - Bravo ! Quel formidable conseiller vous faites, Baron !

Henri III - Ma mère, je vous en prie, ne rejetez point votre colère sur Du Guast ! Je vous rappelle que c'est moi, et moi seul qui ai pris la décision d'envoyer Guise à la tête de mon armée !

Catherine de Médicis - Mais mon fils, quelle folie vous a pris, ce jour-là, de donner l'occasion à votre cousin de reparaître comme un héros aux yeux du peuple de Paris ? Ecoutez ! Ce n'est plus une victoire qu'il a obtenu, c'est un triomphe !

Henri III - Monsieur de Guise a pleinement rempli la tâche que je lui avais assignée : il a écrasé l'armée protestante et refoulé nos ennemis au-delà du Rhin. Que voulez-vous que je fasse ? Que je l'en blâme ?

Du Guast - Qui pouvait prévoir que le Duc Jean Casimir et le gros de son armée ne seraient pas au rendez-vous ? Guise n'a rencontré que l'avant-garde commandée par Monsieur de Thoré. A peine quatre mille hommes ! Il lui a suffi de l'attirer à Dormans et de le prendre en tenaille !

Catherine de Médicis - Peut-être, baron, mais le peuple ne se soucie guère de ces détails stratégiques. Tout ce qu'il retiendra de cette victoire, c'est que nous avons subi très peu de pertes, et que le Duc de Guise chargeait en tête de ses hommes, combattant comme un chevalier !

Joyeuse - Les Parisiens le prennent pour le nouveau Saint-Georges, le nouveau défenseur de la religion catholique !

Catherine de Médicis - Mon fils, vous étiez le héros de Jarnac et Moncontour, ravissant les lauriers de la gloire à votre défunt frère le Roi Charles ; aujourd'hui, c'est Guise qui vous vole les palmes ! Espérons qu'il ne vous volera pas votre couronne !

Henri III - Il suffit ! Mon cousin a remporté une importante bataille, qui a peut-être sauvé le trône de France ! Je n'ai qu'une parole : je veux qu'on le reçoive avec tous les honneurs auxquels il a droit !

Arrive Guise

Guise - Majesté, Dieu me permet de reparaître devant vous, afin de vous faire part de la victoire de votre armée sur celle de monsieur de Thoré.

Henri III - La nouvelle de votre victoire vous a devancée, mon cher cousin. Et nous savons à peu près tout de la manière avec laquelle vous n'avez assurément pas failli à la réputation de votre famille. Bien que les forces repoussées fussent moins fortes que prévues, vous avez fait montre de courage et de loyauté envers votre Roi.

Guise *(s'incline)* - Majesté…

Henri III - Mais qu'avez-vous à la joue, cousin ?

Guise - Juste une estafilade reçue lors de la bataille, Sire. Hélas, je crains de devoir la garder à vie désormais.

Catherine de Médicis - Ainsi vous recevez du peuple le surnom glorieux du Balafré, comme votre père.

Guise - C'est un surnom indigne de moi, Madame. Mon père, Dieu ait son âme, le méritait cent fois plus.

Henri III - Pas de fausse modestie, je vous prie. Nous savons tout ce que la Couronne doit aux loyaux services de la famille de Guise. Monsieur Du Guast et moi-même avons décidés de vous nommer à la tête de l'armée royale. Vous aurez la charge de la réorganiser et de défendre le royaume contre toute attaque des armées du Sud.

Guise - Votre Majesté me fait trop d'honneur. Je m'efforcerai d'être digne de la charge dont vous voulez bien m'attribuer.

Henri III - Car tel est notre bon plaisir, monsieur de Guise.

Catherine de Médicis - Vous ne m'aviez pas parlé d'une telle nomination, mon fils. C'est une responsabilité très importante que vous octroyez !

Henri III - Monsieur Du Guast estime que Monsieur le Duc est tout à même de mener à bien cette mission. Et, ma foi, je suis d'accord avec lui.

Guise - Madame, vous n'avez pas l'air heureuse de ma nomination à la tête de l'armée du Roi.

Catherine de Médicis - Si fait, Monsieur le Duc. Seulement, je suis surprise de ne pas en avoir été avertie avant.

Henri III - Ma mère, je ne pensais pas que cette nomination vous préoccupait autant. L'avis de mon cher Du Guast me suffit largement dans certaines décisions, et je n'ai besoin de nul autre avis, ne vous en déplaise.

Catherine de Médicis - Vous êtes le Roi, mon fils. Et seul maître ici.

Henri III – J'aime à vous l'entendre dire. A demain, donc. Messieurs…

Ils sortent, laissant Catherine seule

Catherine de Médicis - Ce cher Monsieur Du Guast commence à avoir trop d'influence sur le Roi. Et ce que je craignais depuis quelques temps se confirme : il veut m'écarter du gouvernement et être le seul conseiller. Vous me connaissez bien mal, Baron : vous devriez savoir que personne ne s'est jamais interposé entre mes fils et moi ! Il est temps que je pense à m'occuper définitivement de votre cas !

Scène 5

L'antichambre du Roi. Sont présents quelques-uns de ses favoris : Quélus, Ornano et Joyeuse. Ils ont la mine grave. L'on entend le roi crier au loin.

Joyeuse - Trois jours ! Cela fait trois jours qu'il est enfermé dans sa chambre à se lamenter ! Ce n'est plus possible, il faut le faire sortir !

Quélus - Vous savez comme moi qu'il refuse de voir qui que ce soit ! Ce n'est pas faute d'avoir essayé de le raisonner ! Il m'a jeté dehors en me criant toute sa rage !

Ornano - La mort de Du Guast l'a plongé dans un désespoir tel, que je crains pour sa santé et sa vie même !

Joyeuse - Quel malheur ! Et quel choc pour Henri représente cette disparition !

Nouveau cri de rage

Quélus - Je crains que tout cela ne finisse très mal !

Laugnac *(arrive)* - Bonjour messieurs. Quelles nouvelles du Roi ?

Joyeuse - Hélas, Laugnac ! Henri n'est toujours pas sorti et refuse même de voir son épouse !

Laugnac - Il me faut pourtant l'entretenir de choses graves !

Ornano - Que se passe-t-il, Laugnac ?

Laugnac - Le Duc Jean Casimir est de retour à la frontière de l'Est ! Un de mes hommes affirme que l'armée ennemie est bien plus forte que la dernière fois !

Joyeuse - Il faut en avertir le Roi immédiatement !

Quélus - Je vais tenter de le raisonner !

Laugnac - Je viens avec vous ! Et, foi de Gascon, il faudra bien qu'il nous écoute !

A cet instant, Henri sort de sa chambre. Il est pâle. Tous restent figés.

Henri III *(d'une voix éteinte)* - Ainsi le Duc Casimir nous menace à nouveau ? Je n'ai nul répit dans mon désespoir. Les menaces succèdent aux tragédies. Laugnac, mon fidèle capitaine, je veux que vous enquêtiez sur l'assassinat de Du Guast. Car c'est bien un assassinat, n'est-ce pas ?

Laugnac – Pour sûr, Majesté ! Le Colonel a été retrouvé dans sa maison de la rue Saint - Honoré, le ventre transpercé de quatre coups de lame ! Le malheureux n'a même pas eu le temps de se défendre.

Joyeuse - Il prenait son bain de vapeur et était seul, sans protection !

Henri III *(le regard vide)* - Les lâches ! Ils me payeront cela ! Qui que ce soit, je jure qu'ils me le payeront !

Laugnac - Majesté : le Duc Jean Casimir a regroupé des forces importantes sur nos frontières de l'Est. Il réclame une somme exorbitante pour ne pas envahir et saccager le royaume !

Henri III - Notre armée ne peut-elle pas l'écraser définitivement ??

Laugnac - Nos pertes risquent d'être énormes sur une seule bataille, nous laissant trop vulnérables si un second assaut survenait ! Ce serait trop risqué, Majesté !

Quélus - Qui défendrait Paris, si notre armée était anéantie dans l'Est ?

Henri III - Alors que me conseillez-vous de faire ? Négocier avec ce brigand ?

Catherine de Médicis *(arrive)* **-** Exactement, mon fils ! La négociation est la seule issue qui soit !

Henri III - Vous ! Vous et vos manigances dans l'ombre ! Vous et vos tortueuses machinations pour parvenir à vos fins ! Tout vous semble bon, n'est-ce pas ? Même l'assassinat de mon fidèle conseiller !

Catherine de Médicis - Mon fils, vous insultez votre propre mère devant ces gentilshommes ! C'est une chose grave, surtout qu'il n'y a aucune preuve m'accusant de cette affaire !

Henri III – Oh, je sais que vous êtes bien trop habile pour laisser la moindre de vos traces dans vos forfaits ! Les poisons, les philtres, les coups de dagues cachées sous les étoffes, les embuscades de palais, tout cela vous est ô combien familier ! J'ai assisté bien souvent à vos mises en scènes, et ce meurtre comporte votre griffe !

Catherine de Médicis - J'ose croire que ces paroles sont à mettre sous le coup de l'émotion et de la douleur que vous ressentez pour la perte de Du Guast, mon fils. Je me retire donc et vous laisse à votre travail de Roi… avec vos nouveaux conseillers.

Henri III - Attendez ! Sachez que je ferai mener une enquête qui me prouvera votre innocence ou votre culpabilité. En attendant, avisez-moi de vos conseils concernant l'attitude à adopter envers l'armée ennemie.

Catherine de Médicis - Si je puis me permettre, mon fils, il nous faut traiter avec lui, ce qui le calmera et nous fera gagner un temps précieux.

Henri III - Que voulez-vous négocier avec lui ? Des terres ? De l'argent ?

Catherine de Médicis - Précisément, mon fils. L'argent soulage bien des impatiences et les désirs les plus dévastateurs.

Henri III - Et quel argent, ma mère ? Vous savez tout comme moi que nous n'avons plus un liard en caisse!

Catherine de Médicis - Il n'est pas nécessaire de payer aujourd'hui, mon fils. Promettons au Duc une somme qui le tiendra tranquille quelques semaines, le temps pour nous d'organiser notre défense.

Laugnac - Je connais bien ce Duc, Madame. Il n'est pas homme à attendre l'exécution de vagues promesses.

Joyeuse - Et quelle sera sa réaction lorsqu'il se rendra compte que nous ne pouvons pas payer ?

Catherine de Médicis - C'est pour cela qu'il faudra jouer serré, messieurs. Assurons-nous une paix avec les protestants, en écoutant leurs doléances.

Joyeuse - Vous voulez traiter avec les huguenots ?

Catherine de Médicis - Il nous faut traiter avec eux, mon fils, et nous calmerons ainsi les ardeurs de nos ennemis.

Henri III - Soit, ma mère. Agissons comme vous le suggérez. Puisque nous ne pouvons combattre par la force, utilisons la ruse et gagnons du temps. Laugnac : occupez-vous de notre armée, et réorganisez-la au mieux ! Appelez également la Garde Suisse ! Qu'elle se mêle à nos forces ! Joyeuse, ramenez-moi mon fugueur de frère…

Laugnac - Bien, Sire.

Joyeuse - Il sera fait selon vos désirs, Majesté. *(Ils sortent)*

Catherine de Médicis - Tranquillisez-vous, Henri. Je ferai tout pour sauver le royaume. *(Elle sort)*

Henri III - Etre roi et se sentir si seul ! Je ne sais si souverain avant moi ne s'est retrouvé si abandonné dans sa tâche !

Laugnac *(arrive)* - Majesté, Je viens d'apprendre que Navarre s'est enfui ce matin durant la chasse !

Henri III - Ainsi lui aussi a décidé de m'abandonner... Cette nouvelle ne m'étonne qu'à moitié. Le seul allié qui me restait dans ce palais vient à son tour de me laisser...

Arrive Alençon

Alençon - Vous m'avez fait demandé, Sire ?

Henri III - Mon frère, l'heure est venue pour vous de montrer à tous ce que vous valez : je vous fais lieutenant général et vous confie mon armée pour battre ces satanés huguenots qui ravagent nos provinces !

Alençon - Ai – je bien entendu, Sire ? Vous me confiez réellement le commandement de l'armée royale ?

Henri III - Oui, Monsieur ! Vous serez secondé par mes meilleurs généraux, mais c'est à vous que revient la responsabilité de revenir avec des victoires ! Etes-vous prêt à relever ce défi pour l'amour de moi ?

Alençon - Je remercie ardemment Votre Majesté de me faire confiance ! Je me mets immédiatement à la tâche ! *(Il sort)*

Scène 6

L'on entend les cris de la foule en colère. Le peuple de Paris gronde sous les fenêtres du Louvre. Des moqueries du genre « au couvent le frère Henri ! » ou bien « mort au parpaillot ! » fusent. Guise et son frère le Cardinal de Lorraine admirent la scène.

Le Cardinal - Voilà spectacle plaisant à voir, mon frère !

Guise - Oui, nos émeutiers ont fait un beau travail auprès du peuple parisien. C'est tout juste si cette ne foule ne donne pas l'assaut au palais !

Le Cardinal - J'ai reçu des nouvelles de notre frère Mayenne. Il remporte un véritable triomphe au nom de la Ligue Catholique ! Il reprend une à une les places fortes occupées par les calvinistes ! Il a enlevé le Poitou, et extermine les huguenots. Bientôt, il n'en restera plus un seul ! Ecoutez le peuple, mon frère. Vous passez pour l'Ange Purificateur face à l'Hérésie !

Guise - Je vais vous confier une chose, Louis : parfois, cette popularité me fait peur !

Le Cardinal - Peur ? Depuis quand un Guise prononce-t-il ce mot ?

Guise - J'espère seulement que nous maîtriserons ce que nous amorçons aujourd'hui ! Mais soyons sur nos gardes ! Quelqu'un arrive !

Arrive Alençon

Alençon - Bien le bonjour, mes cousins ! Vous semblez en grande conversation dans ces couloirs !

Guise – Vous ici, monsieur ? Je vous croyais à la guerre !

Alençon – J'en reviens. Le Roi m'a fait demandé de toute urgence. Je m'attendais à revenir salué par les clameurs de la foule, et je n'entends que menaces et insultes envers mon frère. Que nous laissions en paix les protestants ou que nous les massacrions, il semble que rien ne pourra jamais contenter ces Parisiens ! Les réactions du peuple sont bien étranges, vous ne trouvez pas ?

Guise - Il faut savoir lui donner ce qu'il demande…

Alençon - Et vous savez, vous, cousin, ce que demande le peuple ?

Guise - Un Roi fort et autoritaire face à nos ennemis, monsieur !

Alençon - Et mon frère ne l'est pas, selon vous ?

Guise - Tant que le Roi favorisera ses Mignons, jouera avec ses petits chiens et se travestira en femme lors des fêtes données à la Cour, je doute que cela renforce son autorité face aux calvinistes!

Alençon – Vous me plaisez, cousin. Votre frère, Mayenne, que j'ai laissé derrière moi en Aquitaine, fait des merveilles m'a-t-on dit ! J'espère que vous ne pensez pas récolter seul les lauriers de la gloire. Laissez-en un peu aux autres, tout de même !

Guise - Ce sera notre victoire, monsieur, et celle de Dieu !

Alençon - Laissez donc Dieu à ses affaires ! J'espère, pour le salut de notre âme, qu'il ne voit pas toutes nos actions. Décidément, cousin, je ne comprendrai jamais votre haine envers les huguenots.

Guise - Non, vous ne comprendriez pas !

Henri III arrive accompagné de Laugnac

Henri III - Monsieur mon frère je vous cherchais ! Et, ma foi, je vous trouve en noble compagnie !

Guise *(s'incline)* - Majesté.

Henri III - J'espère que cette foule en colère vous satisfait, cousin ! Et que les injures qu'elle m'envoie en pleine face vous ravissent !

Guise - Je puis assurer Sa Majesté que ce mécontentement populaire cessera dès que les huguenots seront écrasés.

Henri III - Justement ! C'est pour cela que je courais après mon frère ! Laugnac revient d'Aquitaine pour m'apprendre que le Duc de Mayenne continuait avec zèle à massacrer au nom de votre Ligue !

Alençon - Oui, beau travail n'est-il pas ?

Henri III - François, je vous avais demandé de battre une armée, et non pas de massacrer la population ! Vous n'avez rien trouvé de mieux que de faire égorger comme du bétail plus de trois mille personnes en une nuit ! Quel genre de soldat êtes-vous donc ? *(à Guise)* Et vous, monsieur, ne trouvez-vous rien à redire, vous qui êtes le fils d'un chef de guerre qui observait les lois de la Chevalerie ?

Guise - Majesté, avec tout le respect que je vous dois, ne mettez point mon père dans ces affaires-là !

Henri III - Votre frère, monsieur, se conduit non pas comme un soldat, mais comme un forcené qui tue, pille et viole !

Guise - Mon frère a repris des domaines et des villes occupées par les calvinistes, et ce, pour votre gloire !

Henri III - Ma gloire ? Mais quelle gloire vais-je pouvoir tirer de cette boucherie ? Quel souvenir vais-je laisser en ces provinces ? Mon nom est à jamais entaché du sang des innocents massacrés par mon frère et ses hommes ! Aussi, nous partons à l'instant à Poitiers où je vais tenter de faire cesser cette guerre ! Les protestants sont calmés, notre objectif est largement atteint ! Nous n'avons plus de raison de continuer à tuer !

Guise - Si vous faites cela, Majesté, cette foule, dehors, criera au scandale, et pensera que vous protégez les calvinistes !

Henri III - J'ai compris depuis longtemps, qu'à cause d'hommes comme vous, le peuple ne m'aimera jamais ! Votre mal est fait, cousin. Mais vous n'avez pas encore gagné ! Laugnac ! Mon frère ! Partons pour Poitiers et je tenterai de sauver ce qui peut l'être ! *(ils sortent tous les trois)*

Le Cardinal - Au moment où nous aurions pu triompher sur le terrain de la guerre, il nous enlève la possibilité de gagner définitivement le cœur des Parisiens ! Maudit soit ce Roi !

Guise - Ce n'est que partie remise ! Et notre frère en a déjà fait beaucoup pour nous ! Regagnons la Lorraine et voyons ce qui se passera !

ACTE DEUXIEME

Scène 1

La scène se passe dans une ruelle de Paris, la nuit. Des mendiants, visiblement éméchés, devisent bruyamment.

Guérin - Compagnon d'infortune, je bois à Dieu d'avoir inventé le raisin, boisson divine par excellence, puisqu'elle nous soulage de bien des maux en ce monde !

Sylvius - Noël pour Guérin, philosophe et savant des Gueux que nous sommes ! Et que le Diable emporte les Valois dans les entrailles de la Terre !

Guérin - Comme ceci est bien parlé, ami Sylvius ! Buvons donc également à la santé toute médiocre de ce Roi moribond !

Sylvius - L'on dit qu'il est tombé encore bien malade, ces derniers temps ! Il décline ! Mais le fait est qu'il ne boit jamais de vin à table ! Ceci explique cela !

Guérin - Un homme qui ne boit pas de vin, est un homme que je plains ! Il ne connaîtra qu'un court destin, parsemé de cris et de chagrins !

Sylvius - Savant, philosophe et poète ! Guérin, tu es un brave et précieux compagnon !

Guérin - Oh, j'ai entendu des traits infiniment mieux tournés, concernant le Roi !

Sylvius - Les pamphlets fusent en ce moment sous les fenêtres du Louvre ! Et ce triste sire doit les recevoir en pleine face du haut de son palais ! Ouh, qu'il est triste, ce vilain Roi, tout habillé de noir le jour, et portant des plumes et des perles dès que la nuit tombe !

Guérin - Il paraît que la dernière mode à la Cour est de se travestir en femme pour les hommes et en homme pour les femmes !

Sylvius - Comme ils sont amusants ces petits Mignons : fardés et musqués, efféminés et frisés, ils crient et se pâment lorsque l'on s'attaque à leur maître !

Guérin - Oh, oh ! J'ai entendu dire qu'une caricature circulait à la Cour même !

Sylvius - Et quelle est-elle, Guérin ? La connaissez-vous ?

Guérin - Il me semble que oui, attendez que je me rappelle:
« Ce Mignon si frisé qui sert d'homme et de femme
A votre esprit léger nouvellement surpris,
Il est votre Adonis, vous êtes sa Cypris,
Il vous nomme son cœur, vous l'appelez votre âme... »

Sylvius - Comme cela est admirablement formulé ! Le Roi n'a pas fini de pâlir sous les moqueries !

Guérin - Même le seigneur d'Aubigné, tout huguenot qu'il est, a rajouté ce trait génial :
« Si bien qu'en le voyant chacun était en peine
S'il voyait un roi-femme ou un homme-reine ! »

Sylvius - Oui, que nous avons là un Roi prêt à nous donner de nombreux héritiers !

Guérin - Buvons donc à la compassion que nous éprouvons pour cette pauvre petite Reine, qui, elle, étant toute femme, doit se languir durant ces longues nuits, seule sur sa couche !

Sylvius - A notre pauvre Reine ! (Ils boivent) Compagnon, il me semble entendre des hommes arriver par ici !

Guérin - Tu entends juste, Sylvius. Je gage même que ce sont des hommes en armes ! J'entends le cliquetis des lames !

Arrivent Quélus, et un homme. Ils sont pressés et ne semblent pas voir les mendiants.

Sylvius - Hors ça ! N'est-ce point Quélus, le jeune favori du Roi qui arrive ?

Guérin - Attendez, je vais m'approcher d'eux et tenter de savoir où ils se rendent d'un pas si pressé ! *(Il s'approche des deux hommes)* Holà, nobles et jeunes gens ! Avez-vous le diable à votre poursuite pour marcher si vite ? Auriez-vous une petite pièce à me donner ?

Maugiron - Va donc, le drôle ! Laisse nous passer !

Quélus - Tout doux, ami ! Ne le malmène donc pas et garde tes forces pour ce qui nous attend !

Guérin - Oh, je gagerai que vous vous rendez à un duel, seigneur Quélus ! Est-ce vrai ?

Quélus - C'est bien ce dont il s'agit, mendiant ! Et pour satisfaire ta curiosité, sache que nous allons à la rencontre d'hommes à la solde du Duc de Guise ! Ils insultent notre Roi et nous provoquent même dans les couloirs du palais. Aussi nous sommes-nous donnés rendez-vous près du Marché aux Chevaux ! Nous essuierons l'affront par le sang !

Guérin - Jeune et insouciant Quélus ! Vous faites partie de la garde des Mignons du Roi, on se moque de vos façons de faire, et pourtant, je sens un grand courage en vous !

Livarot - Je vais passer cette vermine par l'épée !

Quélus - N'en faites rien, Livarot ! Cet homme est saoul et n'a pas tous ses esprits !

Guérin - Certes, beau Quélus ! Le vin m'a quelque peu échaudé le cœur, mais je sens que vous ne sortirez pas vainqueur de ce duel ! N'y allez point !

Sylvius - Vous devriez écouter notre ami, Monseigneur : Guérin a souvent prédit des choses qui se sont avérées exactes par la suite !

Quélus - Un voyant ? Alors prends cet écu car toute science mérite reconnaissance ! Mais je ne crois pas aux prédictions, mendiant ! Et toute ton érudition ne pourra m'empêcher de me rendre à ce duel avec mon ami ! A bientôt, j'espère, brave homme !

Guérin - Permettez-moi d'en douter, mon jeune seigneur ! Que Dieu vous garde !

Scène 2
Henri III et son frère.

Alençon - Puis-je demander audience auprès de mon frère le Roi ?

Henri III - Qu'y a-t-il, François ? Je vous préviens, je ne suis pas d'humeur à entendre encore une fois les querelles entre vos partisans et mes hommes.

Alençon - Si fait, mon frère ! Lisez ce billet qui circule en ce moment à la Cour !

Henri III *(Lit)* –
« *Messieurs, ne soyez étonnés*
Si voyez François à deux nez
Car, par droit, comme par usage,
Faut deux nez à double visage. »
Qui est l'auteur de ce… trait ?

Alençon - Vos hommes, Sire ! Ce sont vos favoris qui parlent ainsi de Monsieur votre frère ! Fermerez-vous encore longtemps les yeux sur leurs agissements et leurs bravades ?

Henri III - Monsieur mon frère, il me semble que vos hommes ne sont pas les derniers non plus à braver mes compagnons et moi par la même occasion !

Alençon - Mais ce billet…

Henri III - Sortez, monsieur ! Comme vous le constatez, j'ai du travail infiniment plus important que celui d'entendre vos jérémiades à longueur de journée ! Occupez-vous à des affaires dont la charge et le titre que je vous ai accordés réclament !

Alençon - Justement, Sire. Depuis plusieurs années la guerre sévit aux Pays-Bas contre les Espagnols.

Henri III - Mon frère, je sais ce que cette guerre vous inspire : vous rêver d'envahir les Pays-Bas pour vous proclamer Roi ! Je sais toutes les manigances que vous faites dans mon dos avec notre sœur ! Mais ne comptez pas sur moi pour envoyer mon armée dans une guerre incertaine à votre profit ! La paix est revenue dans mon royaume, ce n'est pas pour aller chercher querelle à mes voisins !

Alençon - Les protestants hollandais me promettent un trône si je leur porte secours !

Henri III - Je me moque de leurs vagues promesses ! Vous êtes prêt à vous enflammer pour n'importe quelle cause ! Moi, mon seul souci est de préserver cette tranquillité si durement acquise !

Alençon - Toute paix est relative, mon frère ! Et la guerre civile peut reprendre d'un jour à l'autre.

Henri III – Monsieur mon frère, prenez garde de ne point jouer à l'étourneau, et de ne point vous rallier avec vos anciens amis contre moi !

Ornano, Joyeuse et Laugnac arrivent en soutenant Quélus, blessé.

Laugnac - Place ! Place pour Quélus !

Henri III - Mais qu'est-il arrivé ?

Joyeuse - Sire, un grand malheur !

Ornano - Quélus nous a été ramené blessé !

Laugnac - Il a reçu dix-neuf coups d'épée, Sire ! Je crois qu'il est perdu !

Henri III *(se jetant sur Quélus)* **-** Mais pauvre inconscient ! Qu'es-tu allé faire pour te retrouver dans ce triste état ?

Quélus - Ah, mon Roi ! Comme je suis heureux de vous revoir une dernière fois ! Je me meurs, mais je voulais partir dans vos seuls bras !

Henri III - Mon cher et brave Quélus ! Que s'est-il passé ? Qui t'as fait ça ? Parle, je t'en conjure !

Quélus - Nous avions rendez-vous près de la Bastille avec Livarot pour un duel contre des hommes de Guise. Ils vous avaient insulté, vous, mon Roi ! Nous ne pouvions pas laisser impunie une telle insolence !

Henri III - Ah, jeunesse stupide ! Pourquoi vouloir me défendre au prix de votre vie ? Vous ne comprenez donc pas que je vous aime plus que quiconque ici ? Que chaque coup de lame que l'on vous donne, c'est moi qui les reçois en mon cœur ? Quélus, brave Quélus, qu'est devenu celui qui vous a accompagné dans cette folle expédition ?

Quélus - Livarot est gravement blessé. Il s'est battu avec férocité, Sire ! Nous vous avons vengés : l'un de nos adversaires est mort, mais je n'ai pu me défaire du troisième…

Henri III - Et quel est-il, cet homme ?

Quélus - Charles d'Entragues !

Henri III - Entraguet ! C'est l'un des hommes de Guise !

Quélus - Il s'est battu à la loyale. Il s'en est tiré avec une seule égratignure ! Il m'a laissé pour mort sur le pré. Ce sont des mendiants qui m'ont ramassé et ramené au palais…

Henri III - Faites appeler mes médecins ! Mes chirurgiens personnels ! Que l'on s'occupe de mon Quélus que je chéris tant !

Laugnac - J'y cours, Majesté ! *(il sort)*

Joyeuse - D'après les mendiants qui l'on ramené, il criait « *Vive le Roi* ! » à chaque blessure reçue !

Henri III - Quel courage et quelle bravoure sacrifiés pour moi ! Nul Roi au monde ne mérite que Quélus lui offre sa vie ! Que font ces médecins ?

Quélus - Nul ne pourra plus me sauver, Sire ! Je meurs heureux dans vos bras ! Je m'en vais rejoindre nos compagnons déjà tombés… Oh, mon Roi, mon Roi tant aimé…

Henri III - Quélus, mes médecins arrivent ! Ils te soigneront, je t'en supplie, reste avec moi !

Quélus - Je ne peux ! Dieu me rappelle à lui ! Mon Roi, mon Roi… *(Il expire)*

Henri III - Non ! Mon tendre et doux compagnon ! Si jeune et si beau ! Pourquoi avoir donné ta vie pour moi ? Pourquoi ?

Joyeuse - Venez, Sire.

Henri III - Je veux rester un instant ainsi : à tenir mon Quélus dans mes bras, à sentir son odeur, ses cheveux !

Alençon - Reprenez vous, mon frère. Vous vous mettez en peine pour ce damoiseau emplumé. Il savait les risques qu'il encourait il me semble !

Henri III - Oh, vous ! Vous et votre bassesse d'âme ! Comment comprendrez-vous jamais que l'on puisse mourir pour l'honneur de quelqu'un ou de soi ? Vous avez la mentalité d'un rat ! Disparaissez ! Hors de ma vue !

Alençon sort. Laugnac arrive avec les médecins

Laugnac – Sire, vos médecins arrivent.

Henri III – Hélas, Laugnac ! Notre Quélus a succombé à ses blessures. Emmenez la dépouille de mon tendre ami, faites embaumer son corps, et faites préserver les traits de sa jeunesse qu'il m'a offert en sacrifice, pour l'amour de moi !

Joyeuse - Mais c'est l'usage réservé aux Rois, Majesté !

Henri III - Il mérite l'hommage fait aux Rois ! Il m'a donné sa vie, c'est le moins que je puisse faire ! *(il se penche sur Quélus, et l'embrasse sur les lèvres)* Va mon bel ami. Ton souvenir restera avec moi jusqu'à la fin de mes jours !

Scène 3

Le Roi est assis, seul, le regard dans le vide, semblant écouter de lointaines mélopées. Arrive Laugnac.

Laugnac – Majesté, votre frère est revenu d'Angleterre.

Henri III – Me voilà bien aise de cette heureuse nouvelle, mon cher capitaine !

Laugnac – Il semble bien faible et malade, Majesté.

Henri III – Ses galanteries auprès de la « veille pucelle » ont dû l'épuiser ! Quelques jours de repos et il sera prêt à repartir en guerre contre le premier venu ! Avez-vous plutôt des nouvelles du Roi de Navarre ?

Laugnac – Il a suivi votre sœur jusqu'à La Mothe-Sainte-Héraye, il y a rencontré votre mère et lui a présenté ses doléances.

Henri III – Que demande-t-il ?

Laugnac – Il réclame le paiement de sa pension, une garde soldée par Votre Majesté, et l'autorisation d'attaquer la Navarre espagnole !

Henri III – Rien que cela ? Pourquoi ne veut-il point venir me rencontrer ici ? Me craint-il à ce point pour utiliser ma mère comme entremetteuse ?

Laugnac – Il est reparti en Poitou, prétextant que sa sécurité n'était pas assurée si loin de ses terres !

Henri III – Ce Gascon est aussi rusé qu'un renard ! Le temps pour lui de me rappeler ses revendications, et il repart dans sa tanière, en menaçant de rallumer la guerre dans le Midi !

Laugnac – Voulez-vous que nous repartions lutter contre ses troupes, Majesté ?

Henri III – Je suis las de faire la guerre, Laugnac ! Ces multiples batailles n'ont d'autres résultats que de diviser toujours plus les Français ! Au nom de quoi ?

Laugnac – Au nom de Dieu, Majesté ! Ces huguenots sont des hérétiques !

Henri III – Mon pauvre ami ! Es-tu si naïf pour ne pas te rendre compte que la religion n'a rien à voir dans ces affaires ? Ce ne sont point des guerres de religions, Laugnac, mais bel et bien une guerre de partis ! Dieu n'a rien à voir là-dedans ! Je ne sais même plus de quel côté il est !

Laugnac – Ne parlez point ainsi, Majesté ! Ou l'on vous traitera encore d'hérétique ou de parpaillot !

Henri III – Que m'importe ! Je voudrai disparaître à jamais ! Mais je ne puis laisser mon pauvre royaume en un tel état de délabrement ! Il me faut remplir la promesse faite lors de mon sacre !

Ornano arrive.

Ornano – Sire ! Votre frère vous demande de venir le voir : il a l'air fort malade !

Henri III – Encore une de ses crises de tuberculeux ! Décidément, jouer le damoiseau avec la Reine d'Angleterre ne lui réussi guère !

Ornano – D'après ses médecins, cela semble sérieux.

Henri III – Allons voir ce moribond, puisqu'il est mon frère !

Scène 4
Le Roi, Catherine de Médicis, Laugnac, Joyeuse et Ornano

Catherine de Médicis – D'après les médecins, il est mort de la tuberculose, baignant dans son sang !

Henri III – Tout comme notre frère Charles ! La malédiction continue de s'abattre sur notre famille. Ainsi, je suis le dernier des Valois ! Le seul qui reste ici bas !

Joyeuse – Qui sera votre héritier, Majesté, puisque votre frère n'est plus ?

Henri III – Cela me semble évident ! Le plus proche de ma lignée est mon cousin de Navarre ! Ainsi, la prédiction de Ruggieri s'avèrera exacte : c'est Navarre le Protestant qui me succèdera !

Catherine de Médicis – Non, mon fils ! Vous ne laisserez pas un Bourbon monter sur le Trône ! N'importe qui mais pas lui ! Pas Navarre ! Je vous en supplie !

Henri III – C'est la loi qui me l'impose, madame ! Mes ancêtres ont respecté cette loi, et je ne veux point briser la continuité de la Monarchie ! Joyeuse, mon ami, vous comprenez maintenant pourquoi je ne puis guerroyer contre les huguenots ? Je dois ramener Navarre dans mon camp et le présenter comme mon éventuel successeur !

Joyeuse – Mais il est protestant, Henri ! Vous qui vous voulez respectueux de la tradition séculaire, vous mettrez un protestant sur le trône de France !

Henri III – Il changera, Joyeuse ! Il abdiquera sa Foi calviniste pour revenir à la Sainte Eglise, comme il l'a déjà fait par le passé ! Je ferai tout pour le faire revenir à notre religion ! *(ils sortent)*

Catherine de Médicis *(seule)* – Voilà la prédiction prête à se réaliser : ma famille disparaîtra avec Henri, et Navarre deviendra Roi ! Par le Diable, je ferai tout pour empêcher ce cul-terreux de monter sur le Trône ! Je n'aurai de repos que lorsqu'il sera mort et enterré ! Et je ne vois qu'une seule personne à penser comme moi : le Duc de Guise.

ACTE TROISIEME

Scène 1

Les Guise, le Cardinal de Bourbon, Mercoeur et Mendoza

Guise – Mes amis, remercions le Roi, qui, par son dernier décret, a mis l'Hérésie hors-la-loi, et a donné six mois aux protestants pour se convertir ou quitter le royaume !

Le Cardinal– Oui, il paraît même que le Roi de Navarre a vu sa moustache blanchir en une nuit en apprenant cette déclaration !

Guise – De plus, nous avons tous reçu ce que nous demandions, à savoir des places fortes et des hommes ! Nous devenons le parti le plus puissant du royaume !

Le Cardinal de Bourbon – Et le peuple nous suit ! Le Roi ne peut plus faire autrement que de nous écouter et demander notre avis ! Même son conseiller le duc de Joyeuse se fait notre avocat auprès de lui ! Et la Reine Mère a bien compris l'intérêt qu'elle avait à nous suivre !

Guise – Nous avons le plaisir d'avoir parmi nous l'ambassadeur du Roi d'Espagne, qui, parait-il, a une bonne nouvelle à nous communiquer.

Mendoza – Certes, Monsieur de Guise ! Sa Majesté Philippe II vous promet une rente annuelle de six cent mille écus si vous combattez pour lui contre l'Hérésie en France ! Et elle se montrera plus généreuse encore si vous poussez le zèle à semer le trouble jusque dans l'entourage du Roi !

Guise *(plus froid)* – Que la chose soit bien claire, Mendoza : pour le moment, il ne s'agit que d'anéantir l'armée huguenote, et non de nous en prendre à la personne du Roi de France !

Mendoza – Savez-vous que mon maître se montrerait très reconnaissant envers vous si vous l'aidiez un temps soit peu à prendre la Couronne de France ? Il pourrait vous faire Premier Ministre...

Guise – Je répugne à devoir trahir mon Roi ! Je suis né Français, mon père et mon grand-père ont toujours servi fidèlement le Roi de France, et je ferai de même !

Le Cardinal – Vous faites bien du sentiment, mon frère ! Henri de Valois déteste notre famille, et ferai tout pour la voir disparaître !

Mendoza – Croyez bien, Monsieur le Duc, que l'Espagne saura se souvenir de vous comme étant son meilleur allié pour combattre les Calvinistes. Et, à n'en point douter, je gage que la France vous sera reconnaissante, plus tard, lorsqu'elle sera débarrassée de cette vermine !

Guise – Arrêtez vos discours, Mendoza ! Vous ne m'abuserez point par de belles paroles ! Et, à l'avenir, ne me dites jamais ce que je dois faire ! Je sais comment mener ma guerre !

Mendoza – Une guerre fort coûteuse, n'est-ce pas monsieur le Duc ? Et où trouver l'argent, si ce n'est chez mon maître ?

Mayenne – Votre ton me déplait, monsieur !

Mendoza – Le votre aussi ! Si vous voulez mener à bien votre guerre, il vous faudra écouter les ordres du Roi d'Espagne ! Mais je suis certain que votre bon sens l'emportera sur votre orgueil, Monsieur le Duc ! La bonne nuit, Messeigneurs ! *(il sort)*

Mercœur – Cet Espagnol se croit tout permis parce qu'il nous tient avec son or ! Sommes-nous obligés de souffrir ses sarcasmes ?

Guise – Hélas, oui ! Il nous faut écouter ses railleries et courber l'échine devant lui si nous voulons que son maître nous verse l'argent nécessaire !

Le Cardinal de Bourbon – J'espère, monsieur le Duc, que votre emportement ne compromettra pas notre alliance avec lui !

Guise – N'ayez crainte ! Le Roi d'Espagne a autant besoin de nous que nous avons besoin de son or !

Le Cardinal – Peut-être, mais il faudra faire preuve d'un peu plus de diplomatie, Henri, à l'avenir. Et le ménager !

Guise – Vous avez raison. Mais son arrogance ! Me parler comme au dernier de ses valets !

Mayenne – Mon frère, j'ai reçu le commandement d'une armée! Je pars dans le Sud avec le duc de Joyeuse ! Plaise au Ciel que nous nous revoyions en ce bas monde !

Scène 2
Ornano, Joyeuse

Ornano – Je vais vous confier une chose, cher ami : le simple fait de participer à cette guerre contre les huguenots me désole !

Joyeuse – Ne me dites pas que vous avez encore ce fol espoir de vouloir vous rapprocher d'eux !

Ornano – Si, fait ! Ce ne sont pas les protestants, le véritable danger en ce royaume ! Mais bel et bien les Ligueurs de ce Monsieur de Guise, et dont je vois le frère partir avec une armée royale !

Joyeuse – Vous n'êtes point sérieux ! Ces huguenots doivent être écrasés, un point c'est tout ! Ornano, mon ami, regardez la réalité en face ! Si nous ne faisons rien, ces maudits calvinistes feront la loi en ce royaume !

Ornano - Oui, nous faisons tout pour empêcher les protestants de prendre le pouvoir, et par ce fait, nous travaillons pour que les Guise montent sur le trône ! Assez bavardé ! Allons-y ! (*Il sort*)

Arrive Catherine de Médicis

Catherine de Médicis – Le discours de ce cher Ornano semble vous affliger, monsieur de Joyeuse !

Joyeuse – Madame ? Vous ici ?

Catherine de Médicis – J'ai ouï dire, monsieur de Joyeuse, que, au contraire du capitaine, vous étiez tenté de vous rapprocher des Ligueurs ?

Joyeuse - Certes, Madame ! Je suis profondément Catholique, et je pense qu'il ne devrait y avoir qu'une seule religion en France : la notre ! Ne pensez-vous pas ainsi ?

Catherine de Médicis – Quelle religion a raison, quelle religion a tort, nous ne le saurons sans doute jamais. Je vais vous confier un secret, monsieur de Joyeuse : ma préoccupation première est d'éliminer le Roi de Navarre qui est désigné comme l'héritier de mon fils ! Navarre est protestant ? Alors je me mets du côté de la Ligue Catholique pour mieux le combattre ! Voilà ce que je pense.

Joyeuse – Je comprends, Madame ! Mais jamais un huguenot ne montera sur le Trône de France ! Quoiqu'il en soit, je pars à l'instant à l'encontre de ses troupes et me ferai un plaisir de les massacrer sur place !

Catherine de Médicis – Je vous demanderai une faveur, monsieur : ramenez-moi la tête de Navarre. Mais prenez garde : Navarre est plus rusé qu'un renard, et il évente tous les pièges qu'on lui tend ! Je me demande même s'il n'est pas protégé par la Divine Providence !

Joyeuse – Cela ne se peut, Madame ! Il est huguenot ! Soyez assurée que je vous ramènerai sa tête et son cœur sur un plateau d'argent !

Catherine de Médicis – Dieu vous entende !

Joyeuse – Il m'entend, Madame ! Nous combattons pour lui, et pour le Roi ! *(il sort)*

Noir

L'on entend les bruits de la guerre. Le cri des hommes, les lames qui frappent, les pistolets et les canons qui tonnent.

Un soldat – Monsieur de Joyeuse, nos escadrons ne passent pas les lignes ennemies !

Un autre – L'artillerie protestante nous taille en pièces !

Un autre – Monsieur de Joyeuse ! Le Roi de Navarre nous contre-attaque ! L'infanterie se fait hacher sur place !

Un officier – Qu'est-il question de faire, monsieur le Duc ?

Joyeuse – De mourir après ceci et ne vivre jamais plus, monsieur de Saint-Luc !

L'on entend un grand coup de feu. Silence.

Scène 3
Le Roi est prostré, assis. Sont à ses côtés Bellegarde et Laugnac.

Henri III – Bellegarde ! Quelles nouvelles ?

Bellegarde – Majesté, Monsieur de Navarre nous a renvoyé le corps embaumé de Joyeuse.

Laugnac – Il a fait libéré tous les prisonniers de votre armée et a même fait célébré une messe à la mémoire des vaincus !

Henri III *(Le regard figé)* – Cela ne m'étonne guère de lui ! Je suis affligé par cette défaite et la mort de mon ami, mais je ressens aussi un soulagement en voyant le comportement de mon cousin de Navarre. Il aurait pu étaler son triomphe et clamer haut et fort sa victoire, et pourtant, il se conduit comme un véritable gentilhomme.

Bellegarde – Qu'est-ce qui vous rassure, Majesté ?

Henri III – Que mon successeur est sincèrement bon et qu'il répugne à faire la guerre. Je suis heureux de ce côté là, du moins.

Bellegarde – Ainsi vous persistez à reconnaître Navarre comme étant votre héritier ?

Henri III *(brusquement)* – Et qui d'autre reconnaître ? Ce vieux sénile de Cardinal de Bourbon ? Ou bien encore le Duc de Guise ? Je vous ai dit que je ne trahirai pas la loi séculaire ! Navarre est le seul héritier qui m'est donné d'avoir !

Bellegarde – Il est huguenot !

Henri III – Et après ? Protestants ou catholiques, nous sommes tous chrétiens ! Au diable vos querelles de dévots sectaires ! Le royaume est fatigué de ces luttes intestines ! Je suis fatigué de voir mes amis se faire tuer au nom de Dieu ! Au nom de quel Dieu ? Quel Dieu approuverait ces massacres en son honneur ? Quel Dieu se satisferait de voir autant de sang versé ? Dites le moi, Bellegarde !

Laugnac – Majesté, je ne suis pas très bon catholique : je ne vais pas à la messe tous les jours et je jure plus que de raison. Les choses de la guerre, oui, ça me connaît. Et je puis vous affirmer que les protestants sont de plus en plus forts ! Ils tiennent presque tout le sud du royaume ! La guerre civile ne s'éteindra pas tant que Navarre ne reviendra pas vers la Sainte Eglise !

Henri III – Je le sais, Laugnac ! C'est pour cela qu'il faut multiplier les contacts avec lui et le convaincre de revenir me rejoindre ! Il faut cesser ces guerres ! Je n'ose imaginer s'il lui arrivait malheur lors d'une bataille ! Les Guise se proclameraient comme étant les seuls héritiers ! A propos de Guise, qu'en est-il de la guerre en Lorraine ?

Laugnac – Monsieur de Guise remporte victoires sur victoires et a repoussé les armées allemandes et suisses à la frontière !

Bellegarde – Je gage que ceci va le rendre encore plus populaire aux yeux des Parisiens !

Henri III – Mon cousin de Lorraine se bat avec une furie que je ne m'explique pas !

Bellegarde – Quoiqu'on en dise, il se bat pour vous, Majesté !

Henri III – Certes, mais quel mobile le pousse à aller absolument se jeter contre les armées protestantes ? Et avec quel acharnement !

Laugnac – Je n'ai nulle confiance en cet homme, Majesté ! Personnellement, je ne lui tournerai jamais le dos ! Car il est homme à vous poignarder après vous avoir tendu la main !

Henri III – Je connais mon homme, Laugnac ! Je sais qu'il ne me laissera aucun répit, surtout depuis que j'ai reconnu Navarre comme mon seul héritier !

Laugnac – Vous vous rapprochez donc officiellement de Navarre le protestant, Majesté ?

Henri III - Nécessité fait loi, mon cher Laugnac ! Je ne puis tolérer que Guise me provoque ! Je préfère m'allier au coriace mais fidèle huguenot, qu'au traître catholique ! Venez. Il nous faut déloger le renard de sa tanière !

Scène 4
Les Guise, Mercoeur et le Cardinal de Bourbon.

Mayenne – Bonne nouvelle, Henri ! Nos troupes occupent toutes les garnisons alentours ! La Picardie est pratiquement à nous !

Mercoeur – Nos gens nous rapportent que le Roi ne fait rien pour se rapprocher de nous ! Et qu'il refuse de renvoyer Monsieur d'Epernon de son gouvernement !

Mayenne – C'est très fâcheux ! Depuis la mort de Joyeuse, ce parvenu a hérité de toutes les charges ! Il n'est sans doute pas étranger au fait que le Roi refuse de se joindre à nous !

Le Cardinal – Le Roi nous montre ainsi qu'il n'est guère envieux de combattre les hérétiques ! Cela ne peut que renforcer nos convictions à aider le Roi d'Espagne à débarquer ici !

Guise – Il me répugne de penser que je combats le Roi de France ! J'aurai mille fois préféré qu'il prenne position avec nous contre les huguenots !

Le Cardinal de Bourbon – Dieu vous sera reconnaissant d'avoir combattu un roi qui protège les hérétiques !

Guise – Il est vrai que vous combattez à mes côtés uniquement pour sauvegarder les intérêts de la Sainte Eglise, Monseigneur, et que votre rang de Prince du Sang ne vous pousse nullement à revendiquer le trône, en cas de victoire !

Le Cardinal de Bourbon – Monsieur le Duc…

Guise – Il suffit ! Ne mêlez pas Dieu à mes affaires, et abattez votre masque ! Que vous importe la religion ? Vous criez *« Dieu ! Dieu ! »* à tout va, mais vous ne visez que le trône, sur lequel vous monteriez si nous faisions chuter le Roi !

Mercoeur – Monsieur, vous vous égarez, et …

Guise – Je m'égare ? Alors que je devine votre jeu à tous ? Oui, vous me poussez en première ligne ! Oui, je défie le Roi de France ouvertement pendant que vous attendez bien prudemment, tapis dans l'ombre ! Qu'attendez-vous de cette guerre, monsieur de Mercoeur ? Quelques provinces à gouverner ? Le poste de Premier Ministre ? Et tous les autres grands de ce royaume ? Quelles parts du gâteau allez-vous vous partager, après que moi et mes frères aurons fait la sale besogne ?

Mercoeur – Nous en avons déjà parlé, Monsieur le Duc : vous aurez de nombreux privilèges et de hautes fonctions, ainsi que vos frères…

Guise – Oui, quelque duché ou baronnie ? Des terres et des châteaux ? Vous n'avez donc rien compris ? Croyez-vous que je prendrai le risque de discréditer ma famille et mon nom envers le Roi pour quelques fiefs ? Vous ne comprenez donc pas que ma guerre est uniquement motivée par la vengeance ?

Mercoeur – La vengeance ?

Guise – Oui, monsieur de Mercoeur, la vengeance ! Une vengeance que je me suis jurée il y a bien longtemps déjà…

Le Cardinal de Bourbon – Voyons, monsieur le Duc, toutes ces années de guerres, nos entreprises politiques, la Saint-Barthélemy, la Ligue enfin, ne sauraient être le fruit uniquement d'une soi-disant vengeance personnelle contre les huguenots !

Guise – Monseigneur, savez-vous ce que c'est, pour un enfant de douze ans, que de voir agoniser son père dans ses bras, et de l'entendre vous dire de venger sa mort en tuant tous les calvinistes que je rencontrerai sur mon chemin ? Savez-vous ce que c'est que de lui caresser doucement les cheveux et le front afin de le soulager ? Savez-vous enfin ce que c'est que d'être maculer du sang de son père et de voir son regard bleu s'éteindre en vous fixant ? C'est à tout cela que je pense, lorsque je passe mon épée au travers d'un huguenot ! Et depuis, je n'aurai de repos que lorsque tous les Calvinistes seront morts ! Et si je dois m'allier à l'Espagne pour parvenir à mes fins, soit ! Pourvu que j'assouvisse ma vengeance !

Le Cardinal de Bourbon – Vous voulez dire que vous nous avez entraînés dans cette lutte uniquement pour venger votre père ?

Guise – Ainsi tout le monde y trouve son compte, n'est-ce pas ? Je fais taire mes vieux démons, et vous, vous chassez un roi pour prendre sa place !

Arrive Mendoza

Mendoza – Monsieur de Guise ! J'arrive diligemment de mon ambassade ! Le Roi d'Espagne s'impatiente et s'étonne de votre lenteur à provoquer le coup d'état qui lui permettrait de rallier les ports de Calais et de Dunkerque !

Guise – Nous y travaillions, Monsieur l'ambassadeur.

Mayenne – Nous contrôlons une bonne partie de la province, et nous en avons chassé les troupes royales !

Mendoza – Fort bien, mais c'est Henri de Valois lui-même qu'il faut chasser ! L'Armada espagnole est bloquée à cause de vos piétinements, Monsieur le Duc ! Intervenez rapidement, ou alors nous cesserons de vous verser l'argent dont vous avez besoin !

Guise – Je prépare mon embuscade et mes pièges depuis des semaines, et vous venez me dire qu'il nous faut attaquer ouvertement l'ennemi maintenant ? De risquer ma fortune sur un coup de dé ?

Mendoza – Tels sont les ordres du Roi d'Espagne ! Il ne peut plus attendre pour envahir l'Angleterre ! Il vous promet six mille soldats et trois cent mille écus d'or dont il payera le premier tiers d'avance en bonne monnaie sonnante et trébuchante !

Le Cardinal de Bourbon – Voilà qui mérite que nous avancions nos projets…

Guise – Vous savez que vous me tenez par votre or, Mendoza ! Vous savez que je suis criblé de dettes et que je suis tributaire envers votre Roi ! Vous ne me laissez guère le choix, puisque votre maître me traite en vassal ! Et bien soit : dites-lui que je donnerai l'ordre à mes gens de soulever le peuple de Paris !

Mendoza – Au nom de mon Roi, je vous suis reconnaissant, Monsieur le Duc ! Et croyez bien qu'il saura se souvenir de votre précieuse aide !

Mercoeur – Monsieur le Duc ! Un homme du roi est là, et désirerait s'entretenir avec vous ! Il s'agit du jeune Bellegarde.

Guise – Le jeune Bellegarde ? Le nouveau favori en titre de mon royal cousin ? Très bien, faites-le entrer, Mercoeur ! *(Mercoeur sort)* Vous, Mendoza, allez vous cacher ! Si le Roi apprenait que vous me rendez visite en secret, tout serait perdu !

Mendoza – Soit ! *(Il sort de l'autre côté)*

Mercoeur revient accompagné de Bellegarde.

Guise – Monsieur ! Que me vaut l'honneur de votre visite ?

Bellegarde – Monsieur le Duc, le Roi m'a demandé de vous remettre ce message en mains propres, et de vous signifier que votre venue à Paris serait dorénavant très mal perçue de la part de Sa Majesté ! Les Parisiens sont très agités et votre présence ne ferait qu'augmenter le remuement ! Le Roi ne le souhaite absolument pas !

Guise *(Lisant la lettre)* – Je comprends les craintes du Roi. Mais qu'il se rassure : je ne ferai rien pour aggraver l'agitation populaire, et dites bien à Sa Majesté que je reste son loyal serviteur et dévoué cousin ! *(Bellegarde sort)* Il nous faut arriver avant lui aux portes de la capitale. Paris nous attend !

ACTE QUATRIEME

Scène 1

Le Roi travaille en présence de l'abbé d'Elbene et d'Ornano. Des cris de joie se font progressivement entendre au loin.

Henri III – Quelle est cette rumeur au loin ?

Ornano *(s'approchant d'une fenêtre)* – Sire ! Je vois une multitude de gens qui arrive de la rue Saint-Honoré !

Henri III – Mais, ma parole, on sonne les cloches !

Laugnac *(arrive)* – Majesté ! Le Duc de Guise est à Paris ! Il est à la tête d'une foule énorme et se dirige vers le palais !

Henri III – Comment ?

L'abbé d'Elbene – Malgré l'interdiction…Quel affront !

L'on entend au loin les cris de « Vive le Balafré ! Vive le Pilier de l'Eglise ! Nous sommes sauvés ! »

Henri III – Je le tuerai !

L'abbé d'Elbene – « *Je frapperai le pasteur, les brebis seront dispersées.* »

Ornano *(toujours à la fenêtre)* – La foule approche des grilles du Louvre ! Mais… Sire, je crois voir votre mère au côté du Duc ! Assurément, ils viennent ici !

Henri III – Ma mère avec Guise ? Je le savais ! Je le savais qu'elle était avec lui !

Ornano – Nous pourrions tuer le Duc dès qu'il entrera ici…

L'abbé d'Elbene – Vous n'y pensez pas ? Si la foule ne revoit pas le Duc ressortir du Louvre, elle prendra d'assaut le palais !

Henri III – J'enrage ! D'Epernon et le gros de l'armée sont en Normandie ! Je n'ai que les Suisses et la garde Corse pour protéger le palais ! Ils ont bien choisis leur moment pour venir semer le trouble chez moi.

Ornano – Le Duc et votre mère sont dans la Cour ! Ils sont entrés ! Ils arrivent…

Tous se placent autour du Roi pour recevoir les visiteurs.

Laugnac *(annonce)* – Sire, madame votre mère, et monsieur le Duc de Guise !

S'avancent Catherine de Médicis et Guise

Henri III – Pourquoi êtes-vous venu ? N'avez-vous point vu mon messager ? Ne vous avais-je pas ordonné de ne point venir à Paris ?

Guise *(s'incline)* – Pardonnez-moi mon intrusion soudaine, votre Majesté. Mais je n'avais pas considéré l'ordre comme formel, et je tenais à vous rencontrer afin de me justifier des accusations de complot portées contre moi !

Henri III – Mon cousin, vous avez favorisé l'entrée de quinze mille agitateurs dans Paris. Votre innocence paraîtrait clairement si vous aidiez à les expulser !

Guise – Je promets, Sire !

Henri III – Et vous, ma mère ? Quel est votre rôle dans cette affaire ?

Catherine de Médicis – Mon fils, j'ai pris sur moi d'appeler Monsieur le Duc afin de pacifier toute chose !

Henri III – Pour pacifier toute chose, vraiment ? Alors que vous mettez tout Paris contre les grilles de mon palais ?

Catherine de Médicis – Monsieur le Duc est venu me voir pour m'assurer qu'il ne désirait pas soulever le peuple contre vous. Il m'a demandée de venir comme intermédiaire entre lui et vous, afin d'éviter tout débordement et toute initiative fâcheuse !

Henri III – En effet, mon cousin. Vous avez pris un risque énorme en venant sans votre armée ici !

Guise – Je n'ai nul besoin d'armée pour venir rendre visite à mon Roi…

L'on entend les cris de la foule au dehors.

Henri III – Prenez garde, cousin, de ne point me provoquer. Initiative fâcheuse ou non de ma part, il se pourrait que je perde raison, et que sur un signe, mes hommes ne vous trucident ici-même !

Catherine de Médicis – Je vous supplie de n'en rien faire, mon fils ! Monsieur le Duc vient sans intention belliqueuse, et lui porter atteinte lancerait le peuple contre nous !

Henri III – Votre bravade restera donc impunie, cousin ! Et l'on dira encore que je suis un faible ! Qu'avez-vous à dire à cela ?

Guise – Que Votre Majesté aura fait preuve de sagesse en me laissant sortir sans encombre. Permettez-moi maintenant de me retirer. Le voyage m'a beaucoup fatigué et je souhaiterai rejoindre mon hôtel.

Henri III – Vous pouvez prendre congé, cousin. Restez chez vous et soyez à ma disposition dès que je vous ferai mander !

Guise – je suis votre serviteur, Sire ! *(s'incline et sort. Les clameurs de la foule redoublent dès qu'il sort du palais)*

Scène 2

Une voix – Aux armes ! Aux armes !

Une autre – Le Roi appelle au massacre des catholiques !

Une autre – Valois vient d'appeler les huguenots ! Paris sera mis à sac !

Le Roi et ses fidèles.

Ornano – Majesté, le peuple dresse des barricades dans tout Paris ! Le Louvre est presque encerclé !

Henri III – Les Suisses sont tous arrivés ?

Ornano – Oui, Sire ! Et la garde corse se tient prête également ! L'armée de Monsieur d'Epernon sera ici demain ! Pourvu qu'il arrive à temps !

Entre Laugnac

Henri III – Laugnac ! Quelles nouvelles ?

Laugnac – Les Parisiens sont bien armés, Sire ! Ils ont tendus les chaînes, arrachés les pavés et entassés des poutres, des charrettes ! Nos troupes tiennent les points stratégiques, la Bastille, l'Arsenal, et les ponts !

Henri III – Mon Dieu, pourvu que nos hommes tiennent bon ! Et où en est ma mère dans ses pourparlers avec Guise ?

L'abbé d'Elbene – Elle l'a rencontré ce matin. Elle devrait bientôt revenir. Si elle revient !

Henri III - En attendant, je ne veux pas que nos troupes tirent sur le peuple, me fais-je bien entendre ?

Ornano – Oui, Sire.

Catherine de Médicis *(arrive)* – Ah, mon fils ! Les évènements vont à une allure folle : Guise dit qu'il ne peut plus contrôler les émeutiers ! Certains parlent de venir vous chercher dans l'heure !

Henri III – Je ne partirai point ! Je leur ferai entendre raison ! Je suis le Roi tout de même !

Catherine de Médicis – Vous n'avez pas encore compris, mon fils ? Il vous faut partir, de peur d'être massacré par cette foule ! Le seul roi qu'elle reconnaisse est Guise ! Fuyez ! Fuyez pour mieux revenir après ! Je resterai avec votre épouse ici pour tenter de protéger votre départ ! *(A Ornano et Laugnac)* Messieurs, emmenez le Roi ! Emmenez-le en sûreté à Chartres !

Ornano – Bien, Madame ! *(Ornano et Laugnac emmènent le Roi qui semble abattu)*

Arrive la Reine

La Reine – Madame, qu'arrive-t-il ?

Catherine de Médicis – Mon enfant ! Votre mari doit fuir pour protéger son existence. Les émeutiers arrivent ici ! Et votre cousin de Guise est à deux doigts de prendre la couronne !

La Reine – Quelle infamie ! La honte en retombera sur toute la maison de Lorraine s'il prend ainsi la place du Roi !

Catherine de Médicis – C'est pourquoi, il nous faut être solides et montrer que le Roi est toujours le maître du royaume ! Louise ! Saurez-vous tenir votre rôle de Reine ?

La Reine – Je m'y engage, Madame ! A deux, nous tenterons d'organiser le lien entre le Roi et Paris !

L'abbé d'Elbene – Mon Dieu ! Ayez pitié de nous, pauvres pêcheurs !

Catherine de Médicis – Vous commencez à me fatiguer, l'abbé. Vous prierez plus tard ! Pour le moment, allons au-devant du Duc de Guise, et tâchons de gagner du temps pour protéger mon fils !

Arrivent Guise, ses frères et Mercoeur

Guise – Et bien, Mesdames ! Je ne m'attendais point à vous rencontrer ici ! *(à la Reine)* Comment vous portez-vous, cousine ?

La Reine – Autant que faire se peut, mais bien triste de voir que vous êtes l'auteur de toute cette agitation ! Comment osez-vous défier votre Roi, Monsieur, et envahir son palais avec vos troupes ?

Guise – Madame, je viens chercher le Roi pour le supplier de se joindre à nous contre les Hérétiques ! Le moment est venu pour lui de choisir son camp, et cela sans tarder !

Catherine de Médicis – Vous lancez un ultimatum au Roi, à présent ? Mais pour qui vous prenez-vous, Monsieur ?

Guise – Madame, je ne tiens qu'à protéger la vie de votre fils. Entendez-vous, dehors, les émeutiers ? Ils parlent de s'emparer du Roi, de le tonsurer tel un moine et de l'enfermer dans le premier couvent rencontré ! J'ai dû user de toute mon influence sur eux pour ne point arriver à cette extrémité ! Si votre fils paraît en public, et qu'il clame haut et fort qu'il se joint à nous pour écraser définitivement les Huguenots, il se sauvera lui, et son trône !

La Reine – Vous voudriez que mon époux se prête à une mascarade du haut de son balcon ?

Guise – Une mascarade qui lui permettra de rester Roi, Madame ! Il n'a plus guère le choix !

La Reine – Il existe toujours une parade à toute attaque, Monsieur de Guise !

Mayenne – Que voulez-vous dire ?

La Reine – Qu'à l'heure où nous parlons, le Roi a rejoint ses jardins et fuit à brides abattues hors de vos filets, gentil cousin !

Guise – Malheur ! Et nous perdons notre temps ici ! Monsieur de Mercoeur, prenez vos hommes et filez vers les Tuileries ! Vite !

Mercoeur – J'y cours ! *(il sort précipitamment)*

Catherine de Médicis – Votre tentative de coup d'état a échouée, Monsieur. Le Roi est toujours le Roi !

Guise – Le Roi ne porte plus que le titre ! Il a la couronne, j'ai le pouvoir ! Je lui accordais une dernière chance de s'allier à nous, mais je me rends bien compte qu'il se méfie de moi, et c'est grand chagrin ! Il préfère fuir tel un voleur plutôt que de combattre à mes côtés ! *(à Mercoeur qui revient)* Alors, quelles nouvelles ?

Mercoeur – Il s'est bel et bien enfui ! Il a fait mine de se promener dans ses jardins et a pu rejoindre des hommes à lui qui l'attendaient avec des chevaux !

Guise - Quel gâchis ! *(à ses frères et à ses hommes)* Rejoignez nos troupes, et organisez la défense de la ville.

Mayenne – Entendu ! *(ils sortent)*

Catherine de Médicis – Vous pouvez toujours retourner votre amertume sur nous, si cela vous chante !

Guise – Pour qui me prenez-vous, Madame ? Je venais chercher le Roi, et il n'y est plus ! Par contre, je vois à la place deux femmes bien courageuses pour être rester seules, face à des troupes armées ! Je vous garantis qu'aucun dommage ne vous sera causé, et que vous serez libre d'aller où bon vous semblera.

La Reine – Les dommages sont déjà causés, Monsieur le Duc. Et en tant que Reine, je ne vous cache point que je ferai tout pour aider le Roi à reprendre le trône d'où vous l'avez si honteusement mis à bas. *(À l'abbé)* Venez, mon père. Nous prierons pour le Salut du Roi mon mari. *(Elle sort avec l'abbé)*.

Guise *(à Catherine de Médicis)* – Ma cousine a toujours été très dévote. Et vous, Madame ? M'aiderez-vous à empêcher le Roi de s'acoquiner avec Navarre ? Ou vous joindrez-vous aux prières de votre pieuse belle-fille ?

Catherine de Médicis – Peu importe pour qui vont mes prières, Monsieur de Guise. Personnellement, si le Seigneur ne daigne pas m'écouter, je prierai le Diable s'il le faut, pourvu que Navarre meure ! *(elle sort)*

Guise – Et bien allez prier ! Dieu, le Diable, peu m'importe ! Moi, je n'ai nul besoin de supplier qui que ce soit pour parvenir à mes fins ! *(Il reste seul, face au trône)* Douce contemplation que celle d'un trône vide. Et qu'il est impressionnant de penser que le pouvoir d'un seul homme est représenté ainsi. Il est là, si vulnérable. Je ne sais s'il m'attend avec impatience, ou s'il n'éprouve que mépris envers moi. Le sang des rois fait le sang des princes. Et Navarre est de meilleur sang que moi ! Henri de Guise, pourquoi hésites-tu à te comporter en Roi alors que le moment semble enfin venu ? Ton père, aurait-il hésité une seule seconde ? Il me semble l'entendre me parler. Mais dans ses propos, point de joie, point de fierté. Ce ne sont que reproches et tristesse. Et à ses plaintes se mêlent celles de mes aïeux, fidèles serviteurs de la Couronne et à qui je fais honte d'avoir chassé le maître de son palais. Oh, mes pères : pourquoi ces pleurs ? N'ai-je pas combattu en votre nom pour votre gloire ? Toutes ces années, je les ai consacrées à purifier le royaume de l'Hérésie, et à tenter de mettre un peu du sang de notre race sur ce trône ! Et que me reprochez-vous, maintenant que je touche au but ? D'avoir trahi mon Roi ? D'avoir volé ce trône ? C'est ainsi et je ne puis plus reculer ! Mais mon déshonneur ne sera pas le votre. Je ne monterai donc point sur ce trône à ma portée et j'attendrai mon tour, comme le veut la loi. Mais en attendant ce moment, j'ai encore une tâche à accomplir…

Scène 3
Le Roi et ses fidèles.

Henri III – Voilà des mois que je me morfonds ici ! J'enrage à l'idée que Guise règne sur Paris ! Les nouvelles que j'en reçois ne sont que massacres, pillages et exécutions sommaires ! Vous me dites, Bellegarde, que l'on a même dressé des bûchers et que l'on y expédie vivants des hommes et des femmes ?

Bellegarde – Hélas, Majesté ! Tout n'est que chaos et désolation ! Guise ne semble même plus capable de contrôler la population ! Des gens armés traquent sans relâche les quelques huguenots qui resteraient dans la capitale !

Henri III – Et ne pouvoir rien faire, obligé d'assister impuissant à ce spectacle ! Mon Dieu ! Je ne sais si la vie d'un Roi n'aura été aussi remplie de tueries et de haines que ne fut la mienne !

Ornano – L'on se croirait revenu au temps de l'Inquisition espagnole !

Henri III – Ah, ne me parlez point de l'Espagne, je vous prie ! Elle est en partie cause de ces malheurs ! Son Armada frôlait les côtes bretonnes et normandes il y a quinze jours, et je ne sais toujours pas si l'Angleterre a été battue ou non ! Parbleu ! Me voilà dans la situation du Roi Charles le Septième en son « royaume de Bourges » !

Ornano – Et dire que nous attendons là, impuissants, que l'Espagne nous envahisse à notre tour !

Henri III – Taisez-vous, Ornano, vous allez me faire perdre les quelques cheveux qui me restent !

Laugnac *(arrive)* – Majesté ! Voici des nouvelles fraîches de Calais !

Henri III – Mon Dieu ! De quelle annonce désastreuse es-tu porteur, Laugnac ?

Laugnac – Sire, lisez, et vous verrez que tout n'est point perdu !

Henri III *(lit)* – Bonté Divine ! Dieu ne m'a donc point complètement abandonné ! Mais… par quel miracle ?

Laugnac – C'est un coup dur pour la Ligue, Majesté ! Il nous faut reprendre la lutte, et montrer que vous êtes bien le Roi !

Ornano – Majesté, l'ambassadeur Mendoza souhaiterait vous parler !

Henri III – L'ambassadeur du Roi d'Espagne ? Il tombe bien, celui-là ! Que me veut-il, encore ? Fais-le entrer !

Mendoza *(arrive et s'incline)* – Sire, je suis porteur d'une nouvelle qui fait la gloire de mon pays et de mon maître, le Roi d'Espagne !

Henri III – Vraiment ? Et quelle est cette nouvelle, Monsieur l'ambassadeur ?

Mendoza – Mes derniers messagers me disent que la flotte espagnole est apparue sur les côtes britanniques, et plus particulièrement devant l'île de Wight ! Plus de deux cents vaisseaux espagnols contre seulement cinquante bâtiments légers anglais ! J'ai la joie de vous annoncer que la bataille a tournée largement en faveur de l'Espagne !

Henri III – En effet, quelle grande nouvelle…

Mendoza – Reconnaissez donc la victoire de mon maître, et permettez ainsi que nous continuions notre croisade contre les hérétiques dans votre royaume ! Vous voyez qu'il est inutile de lui résister plus longtemps !

Ornano *(tirant son épée)* – De quel droit venez-vous donner des ordres au Roi de France, monsieur ?

Henri III – Ornano, mon bon ami, calmez votre ardeur, je vous prie. Visiblement, monsieur l'ambassadeur n'est pas au fait des dernières nouvelles. Mendoza, puis-je vous demander de quand date votre courrier ?

Mendoza – Il y a trois jours, il me semble… Pourquoi cette question, Sire ?

Henri III – Parce qu'il retarde, monsieur ! Je viens de recevoir des nouvelles toutes fraîches de Calais, qui me rapportent que la flotte de votre maître a été purement et simplement anéantie en quelques heures ! Plus de quinze mille morts du côté espagnol. A l'heure où nous parlons, le peu de vos bâtiments encore debout dérive au large de l'Irlande. Si c'est une victoire, je ne m'y entends plus en stratégie navale !

Mendoza – Ce… ce n'est pas possible !

Henri III – Voyez vous-même. *(Il lui tend la lettre)*

Mendoza *(lisant)* – Madre de Dios ! Mais… il est spécifié que des galériens turcs ont pu rejoindre à la nage les côtes françaises ! Ils appartiennent au Roi d'Espagne ! Vous devez me les remettre ! Ils sont sujets du Roi Catholique !

Henri III – Non point, Monsieur l'ambassadeur ! Ce sont des sujets de notre ami le Grand Seigneur. Prisonniers de votre maître, ils ont reconquis la liberté en touchant la terre de France ! Dites à vos amis de la Ligue, que je compte bien reprendre ma place sur le Trône, et que si mon cousin de Guise veut être Roi de France, il devra venir me rencontrer ici même, et me le dire bien en face, comme il sied à deux gentilshommes !

Mendoza – Je le lui dirai…

Henri III – Mais souffrez que nous buvions ensemble à la victoire de la Reine Elizabeth, et à la santé de nos bons barricadeux de Paris !

Mendoza – Vous vous moquez ! Vous ne serez réellement Roi que lorsque vous reviendrez à Paris ! *(il sort)*

Ornano – Vous l'avez méchamment mouché, Sire !

Henri III – Oui, je n'ai pu m'empêcher cette petite bravade à cet arrogant ! Et quelle heureuse nouvelle mon bon Laugnac ! Je me sens enfin revivre !

Laugnac – Sire, profitez-en pour contre-attaquer, et rencontrer vos adversaires !

Henri III – Tu as raison, ami ! Allons au château de Blois. Je vais réunir les Etats Généraux encore une fois et faire connaître à tous mes exigences ! Le Destin a bien voulu m'être favorable, montrons leur qui est le maître

Scène 4

La salle des Etats Généraux

Henri III – Je remercie cette noble assemblée d'avoir répondu à mon invitation, pour que nous délibérions et trouvions un terrain d'entente à cette situation.

Mercoeur – Nous vous écoutons : parlez, Sire !

Henri III – Il y a des Français qui veulent faire des ligues à part avec des princes à part… Toute autre ligue que sous mon autorité ne se doit souffrir. Ni Dieu, ni Roi ne le permettent… Je déclare atteints et convaincus de lèse-majesté ceux de mes sujets qui y tremperaient sans mon aveu !

Le Cardinal – Devons-nous prendre ces menaces à notre encontre, Majesté ?

Henri III – Je veux restaurer l'unité en mon royaume, Monsieur le Cardinal ! Et votre parti ne m'aide guère dans cette tâche !

Guise – Alors alliez-vous à nous, Sire, et combattons, unis, contre les huguenots !

Acclamations des Ligueurs.

Le Cardinal de Bourbon – Alors, Majesté ! Nous attendons : prononcez-vous, oui ou non, la condamnation de Navarre ?

Henri III – Quand il ne s'agirait que d'une succession de cent écus, encore serait-il juste de s'expliquer avec lui !

Guise – Non, Sire ! Nous n'avons pas à traiter avec Monsieur de Navarre qui ne daigne même pas se déplacer lorsque vous l'invitez ! Etant huguenot, il n'a aucun droit sur la couronne, et vous le savez très bien !

Henri III – Il est mon plus proche parent !

Guise – Et quand bien même il serait votre frère ou votre fils, sa confession d'hérétique l'écarte de toute prétention au trône !

Acclamation des Ligueurs.

Henri III – Je lève cette séance, et nous la reprendrons demain !

Mercoeur – Demain donc sera une belle journée pour nous !

Tous les Ligueurs sortent.

Bellegarde – Comment osent-ils vous parler ainsi, Majesté ? Et avec quelle arrogance !

Henri III – Je suis plus que las de ces confrontations et de ces aboiements. Mais que faire ? Je n'ai d'autre choix que d'accorder ce qu'ils demandent !

Catherine de Médicis – Renoncez à Navarre et désavouez-le en public !

Henri III – Et voilà pourquoi vous agissez dans mon dos contre moi, ma mère…

Catherine de Médicis – Au Diable votre intérêt ! Au Diable l'intérêt de l'Etat ! Rien ne compte plus que d'empêcher ce Navarre d'être Roi !

Henri III – Je suis trahi par ma propre mère ! Vous qui avez tout fait pour me voir couronné un jour, vous participez à présent à faire de moi un pantin à la solde de nos ennemis !

Catherine de Médicis – Alliez-vous aux Guise, mon fils, je vous en conjure ! Ils sont les seuls à pouvoir rétablir l'ordre en France !

Henri III – Ils sont les seuls à vouloir prendre ma place ouvertement, Madame ! Je vous ai déjà écoutée par le passé, et cela ne m'a valu que guerres et discrédit ! Sortez, je vous prie ! Allez rejoindre vos complices, et rapportez-leur que, moi vivant, je ne me soucierai plus que de me rapprocher de Navarre !

Catherine de Médicis sort.

Bellegarde – Guise a envoyé ses troupes à Orléans, et elles se tiennent prêtes à la moindre alerte pour foncer sur nous !

Henri III – Ils m'ont entouré comme la bête, croyant me prendre aux filets !

Arrive la Reine

La Reine – Pardonnez-moi, Sire, j'ai une nouvelle importante pour vous !

Henri III – Qu'y a-t-il, ma petite reine ?

La Reine – Votre espion, le comédien italien que vous avez engagé, m'a rapporté une chose troublante ! J'ai cru bon de vous avertir sans délai !

Henri III – Venetianelli ? Que vous a-t-il dit ?

La Reine – Il a assisté hier soir au repas donné chez le Cardinal de Guise ! Tous les principaux chefs de la Ligue étaient réunis ! L'ambiance était joyeuse et tout le monde était à la fête, quand tout à coup, à l'heure des enthousiasmes, le Cardinal de Guise s'est tourné vers le Duc son frère et a crié : « *je bois à la santé du Roi de France ici présent !* » et toute l'assistance a répondu en l'acclamant, et en criant « *vive Henri le Balafré !...vive l'héritier de Charlemagne !... Quant au Valois, il fera un beau moine !... »*

Henri III – Etes-vous certaine de la chose ?

La Reine – Sire, ce sont les mots exacts prononcés par votre espion.

Bellegarde – Mon Dieu ! Ils veulent mettre Guise à votre place, Majesté ! Il n'y a plus de doute possible !

Henri III – Je n'aurai jamais pensé que les Guise iraient aussi loin ! Il nous faut songer à nous débarrasser de mes encombrants cousins une bonne fois pour toute !

Laugnac – Vous voulez dire que…

Henri III – Il me faut agir avant eux, sinon, je suis perdu, et le royaume avec ! Il n'y a plus de temps à perdre ! *(À la Reine)* Je sais que les Guise sont de votre maison, Madame ! Mais je ne peux les laisser aller plus avant dans leurs ambitions !

La Reine – Sire, je ne suis plus d'aucune maison, exceptée la vôtre ! Je suis votre épouse, et je vous suivrai, quoique vous entrepreniez !

Henri III – Ma douce petite reine ! Comme vous m'avez été précieuse durant toutes ces années de troubles et de conflits ! J'ai la chance d'avoir à mes côtés la plus dévouée des Reines, et la plus loyale !

La Reine – Si j'avais été une Reine parfaite, je vous aurai donné cet héritier tant attendu, et nous ne serions pas face à tous ces complots !

Henri III – Si je me débarrasse des Guise, je gage que notre avenir sera plus heureux, et qui sait ? Tout peut arriver encore à mon âge… Ornano, où sont vos hommes?

Ornano – Derrière cette porte, Sire ! Prêts à trucider le premier qui approcherait trop près de ce cabinet !

Henri III – Parfait ! Messieurs, la situation est plus que grave : les Guise parlent ouvertement de me destituer et de mettre le Duc à ma place ! Que proposez-vous ?

Laugnac – Il faut les tuer !

Henri III – Je vais montrer à mes chers cousins que je ne goûte nullement certaines de leurs plaisanteries. Vous voulez me traquer comme une bête, je me défendrai comme une bête !

Scène 5
L'on entend les cloches de l'église. Le Roi arrive dans ses appartements, avec Bellegarde et Laugnac.

Henri III – J'ai bien cru que cette messe ne finirait jamais ! Et l'ambiance était bien étrange, à l'église !

Bellegarde – Oui, les chefs de la Ligue ne cessaient de jeter des regards furieux de notre côté ! Quant au Duc de Guise, il tentait vainement d'accrocher un signe de votre part, Sire !

Laugnac – Ils doivent avoir eu vent de notre projet à son encontre !

Henri III – Peut-être ! Il est bien difficile de tenir un secret en ce château ouvert à tous vents !

Bellegarde – Je pensais que Mayenne et Mercoeur allaient nous attendre à la sortie de l'église, l'épée à la main !

Henri III – Ce n'est pas l'envie qui doit leur manquer ! La raison l'emporte encore sur leur fougue. Mais jusqu'à quand ?

Arrive Ornano

Ornano – Sire ! Monsieur le Duc de Guise souhaiterait vous parler !

Henri III – Tiens, je m'attendais à tout de sa part, sauf à cela ! Fais-le entrer et laissez-nous seuls.

Laugnac – Est-ce bien prudent, Sire ?

Henri III – Ne vous inquiétez pas, Laugnac. Mon cousin n'est pas assez stupide pour entreprendre quoique ce soit ici-même ! Et vous serez près de la porte au cas où…

Laugnac – Bien.

Ils sortent tous, et croisent Guise qui entre

Henri III – Entrez, entrez je vous prie, cousin ! Que me vaut l'honneur de votre visite ? Avez-vous aimé la messe de ce matin ?

Guise – En vérité, mon esprit était absorbé par bien des soucis ! Et notamment celui de voir que j'ai perdu les bonnes grâces de Votre Majesté. Je le vois bien : vous ne me faites plus confiance. Ne vous ai-je pas maintes fois prouvé mon dévouement et ma loyauté envers vous ?

Henri III – Certes, cousin. Vous et votre famille avez toujours été de grands serviteurs de la Couronne ! Mais vous avouerez que le visage que vous me montrez ces derniers temps, me pousse à me méfier des gens de votre parti !

Guise – Majesté, il se dit beaucoup de choses entre les chefs de la Ligue ! Il ne faut pas toujours prendre comme argent comptant les rumeurs qui vous parviennent.

Henri III – J'ai entendu des choses fort désagréables à mon sujet et à propos des gens qui me servent !

Guise – Etant entré en disgrâce à vos yeux, je suis venu vous dire, Majesté, que mon devoir était de résigner la lieutenance générale, et de quitter Blois au plus vite !

Henri III – Vous n'y songez pas sérieusement, cousin ? Si c'est ce que vous êtes venu chercher, je puis vous affirmer ma bonne volonté et mon amitié envers vous, et vos frères ! Je refuse votre démission, et je vous prie de ne point prendre à la légère une décision aussi grave, entendez-vous ? Il n'y a personne en mon royaume que j'aime mieux que vous…C'est crime d'entrer en méfiance de son Roi !

Guise – Je ferai comme Votre Majesté me commandera de faire… *(S'apprête à sortir)*

Henri III – Vous souvenez-vous, cousin, lorsque, enfants, nous jouions dans le parc de Saint-Germain ?

Guise – Oui, Majesté. Je me rappelle comment nous rendions fou de rage et de désespoir votre gouverneur, Monsieur d'Urfé…

Henri III – Oui ! Il courait après nous dans le jardin, avec son missel dans une main, et son bâton dans l'autre !

Guise – Ses enseignements de géométrie étaient d'un ennui…

Henri III – Toutes mes jeunes années auraient été d'un ennui mortel, si vous n'étiez là, avec moi… Vous étiez mon meilleur ami, et il n'y avait pas complicité plus solide que la notre.

Guise – Je me souviens également lorsque nous avions glissé une grenouille dans la couche de votre jeune sœur Marguerite.

Henri III – Et les cris d'épouvante qu'elle a poussée en sentant le petit animal lui chatouiller les pieds ! Que sont devenus tous ces joyeux instants, cousin ? Comment la vie nous a-t-elle transformés et éloignés ?

Guise – La politique, Majesté. Les enjeux du pouvoir ont rattrapé l'innocence de notre jeunesse. Nos destins sont irrémédiablement scellés : vous êtes Roi, je suis devenu malgré moi le chef d'un parti qui veut vous renverser. Mon nom m'a hissé à ce rang, et je n'ai plus d'autre alternative que d'accomplir le souhait de mes alliés. Je ne veux point attenter à Votre Personne, et je ferai tout pour m'opposer à ceux qui rêvent de vous nuire ! Mais jamais nous ne laisserons Navarre monter sur le trône !

Henri III – Navarre et les huguenots ne sont qu'une excuse pour ceux qui vous poussent ainsi contre moi ! Dans quelle situation vous êtes-vous mise, cousin ? Vous êtes devenu le pantin du Roi d'Espagne ! Quittez la Ligue, et servez-moi fidèlement !

Guise – Cela est impossible, Majesté ! Trop de choses sont engagées ! Je suis perclus de dettes, et je dois accomplir ce que j'ai juré naguère à mon père mourrant. Pas un huguenot ne doit en réchapper !

Henri III – Alors les dés en sont jetés. Puisque vous avez décidé de me mettre à bas de mon trône, sachez que je ferai tout pour y rester et sauver mon royaume de votre maître, le Roi d'Espagne !

Guise – C'est tout à votre honneur, Majesté. Que Dieu nous garde en sa Sainte Miséricorde. *(Il sort)*

Henri III *(furieux)* – Oui, vous aurez bien besoin de l'aide divine pour échapper à mon courroux ! Maudite soit votre famille ! *(se calmant)* Allons, le désespoir ne sert à rien, quand la prudence peut encore prévenir le danger. Ornano, Laugnac !

Ornano et Laugnac arrivent

Laugnac – Majesté ?

Henri III – L'heure est venue d'éliminer mon cousin de Lorraine au plus vite !

ACTE CINQUIEME

Scène 1
Les chefs de la Ligue

Mercoeur – Il nous faut rejoindre nos troupes à Orléans : les rumeurs d'assassinat se font de plus en plus fortes vis-à-vis de nous et surtout du Duc de Guise ! Sa vie est en danger, dans ce château !

Le Cardinal de Bourbon – D'ailleurs où est-il ?

Mayenne – Le voilà qui arrive !

Guise *(arrivant)* – Messieurs, je viens de voir le Roi : il réunit tous ses conseillers et ministres demain matin de très bonne heure ! Je ne pourrai donc partir ce soir avec vous pour Orléans !

Mendoza – Monsieur le Duc, une lettre du Roi d'Espagne.

Guise – Votre maître s'impatiente, j'imagine. Qu'il se rassure, nous passons à l'action dès demain soir : nous marcherons sur Blois avec mon armée et nous nous emparerons du Roi. Monsieur de Mercoeur, vous partirez dès ce soir pour Orléans, avec mon frère le Duc de Mayenne !

Mayenne – Mon frère, permettez-moi de rester à vos côtés ! Ce n'est guère prudent de vous laisser ici !

Guise – Et ce serait une folie de repousser à plus tard notre départ ! Ne vous inquiétez pas, je vous rejoindrai demain dès la fin du Conseil !

Le Cardinal – Souffrez que je reste avec vous, Henri. Nous ne serons pas trop de deux pour défendre nos revendications face au Roi !

Guise – Soit, vous viendrez avec moi ! Mendoza, rejoignez Paris et attendez nos instructions. Je répondrai personnellement au courrier de votre maître. *(Aux autres)* Partez, Messieurs ! Nous nous reverrons à Orléans !

Mercœur – Nous vous attendrons, monsieur le Duc !

Le Cardinal de Bourbon – Prenez garde à vous ! Méfiez-vous du Roi !

Guise – A demain, Monseigneur.

Ils sortent

Guise – Et bien, mon frère, nous touchons presque au but !

Le Cardinal – S'il n'y avait ce Conseil de dernière minute, nous aurions pu déclencher les hostilités dès demain avec nos troupes ! Avouez que cette réunion subite est quelque peu suspecte !

Guise – Le roi n'osera jamais tenter quoique ce soit contre moi ! C'est un homme bon, il n'a point l'âme méchante ! Aujourd'hui encore, nous nous sommes rendus ensemble au chevet de sa mère. Il n'a cessé de faire des louanges à mon propos et nous nous sommes échangés des friandises.

Le Cardinal – Les Valois sont les plus dangereux lorsqu'ils se font mielleux ! Je vous avoue que je ne suis pas tranquille, mon frère ! Je ne serai rassuré que demain, après le Conseil.

Guise – Alors, allez vous reposer, car la journée sera rude !

Le Cardinal – Vous ne venez pas avec moi ?

Guise – Que nenni, mon frère ! Ce soir, j'ai rendez-vous avec la belle Charlotte de Noirmoutier ! Quel dommage que vous portiez l'habit de Cardinal ! Sinon, je vous aurai bien invité à me suivre. Ses demoiselles d'honneurs sont charmantes !

Le Cardinal – Cessez de vous moquer. Vous savez très bien que je ne me gène guère quand l'occasion se présente.

Ils sortent ensemble

Scène 2

Quatre heures du matin, devant les appartements du Roi. Ornano et Laugnac attendent.

Henri III *(apparaît)* – Ornano, tous nos hommes sont-ils prêts ?

Ornano – Ils sont là, Majesté !

Laugnac – Sire, mes hommes sont derrière, attendant vos ordres !

Henri III – Parfait, Laugnac. Faites entrer une partie de vos gaillards, et laissez les autres garder le couloir.

Laugnac fait entrer quelques Gascons.

Henri III – Messieurs, le moment est venu de prouver votre fidélité à votre Roi. Demain, le Duc de Guise prendra la tête des Ligueurs et marchera sur Blois pour usurper le trône. Je ne vous cache pas que si nous ne réussissons pas à vaincre Guise, nous serons les sujets du roi espagnol ! Etes-vous prêts à éliminer le chef de la Ligue, le Duc de Guise ?

Laugnac – Nous sommes prêts, Majesté !

Ornano – Comptez sur nous !

Un Gascon – Cap de Dious, iou lou bous rendrait mort !

Henri III – Silence, par pitié ! Le moindre bruit peut alerter la Reine Mère qui dort à l'étage du dessous !

Bellegarde *(arrive avec des poignards)* – Messieurs, qui en veut ?

Henri III – Laugnac, mettez quelques hommes dans les cellules réservées aux capucins, au troisième étage. Quant à vous, vous vous cacherez avec huit autres hommes dans la chambre royale. Moi je serai en mon cabinet neuf ! Avez-vous bien saisi ?

Laugnac – Je m'en occupe, Sire ! *(il sort avec ses hommes de main)*

Henri III – Bellegarde, vous viendrez avec moi. Ornano, mon ami, vous vous rendrez au Conseil, au-devant du Duc. Et surtout n'éveillez point ses soupçons !

Ornano – Ne craignez rien, Sire ! *(il sort)*

Bellegarde – *(à une fenêtre)* Je vois le Duc traverser la cour intérieure !

Henri III – Que chacun se place comme je l'ai dis ! Que Dieu soit avec nous !

Ils sortent, laissant la scène vide. Arrive Guise, seul. Apparaît Ornano

Ornano – Monsieur le Duc, le Roi vous prie de bien vouloir passer dans son cabinet. Il souhaiterait vous entretenir avant le début du Conseil. Que vous arrive-t-il ? Vous avez du sang sur votre col…

Guise – Rien de grave. Un petit saignement. La fatigue surement… Mon frère est-il arrivé ?

Ornano - Oui, il est déjà dans la grande salle avec les ministres.

Guise – Et le Roi veut me parler ? Bien, je vous suis, capitaine.

Il commence à se diriger vers l'autre porte. Devant lui, sortent de leur cachette quelques Gascons en armes. Guise, saisi d'un doute, se retourne, au moment où Ornano lui plonge un poignard dans la poitrine.

Ornano – Ah ! Traître, tu en mourras !

Tous se jettent sur le Duc

Ornano – Tuez, tuez, compagnons !

Guise *(se débattant comme un forcené)* – Vous ne m'aurez pas aussi facilement ! *(il jette plusieurs hommes au sol, en blesse quelques uns avec son épée, tant bien que mal, il se dirige vers le cabinet du Roi)* Où est le Roi ? Je veux le voir en face ! Je veux qu'il me dise…

Arrive Laugnac devant lui et lui plante son épée dans le ventre.

Laugnac – Tiens, maudit ! Voilà ta récompense pour tous tes crimes !

Guise *(à genoux)* – Mon Dieu ! Mes péchés en sont cause ! Ayez pitié de moi !…

Arrivent le Roi et Bellegarde

Bellegarde – Monsieur de Guise, criez merci à Dieu et au Roi !

Guise *(regardant le Roi)* – Henri…

Laugnac *(lui redonnant un coup)* – Meurs donc !

Guise s'écroule, rampe vers le roi et se fige tout à fait

Henri III – *(attendant que les spasmes du Duc cessent)* : Laugnac, te semble-t-il qu'il soit mort ?

Laugnac *(se penchant sur lui)* – Je crois bien que oui, Sire. Il a la couleur de mort.

Henri III – Fouillez dans ses poches et voyons ce qu'il avait sur lui !

Ornano - *(fouille)* – Il y a une clef, douze écus d'or et un billet !

Henri III - Donne ! Il est destiné au Roi d'Espagne ! *(lit)* « *Pour entretenir la guerre civile en France, il faut 700 000 livres tous les mois…* » Voilà la preuve de votre trahison envers moi, cousin. Je regrette d'en être arrivé là, mais vous ne m'avez guère laissé le choix ! Emmenez le corps discrètement et brulez-le, qu'il n'en reste rien. Faites emprisonner le Cardinal de Guise et les Ligueurs présents dans la salle du Conseil et tuez-les pareillement. Moi, je vais annoncer la nouvelle à ma mère.

Scène 3
La chambre de la Reine Mère

Henri III – Madame, comment vous portez-vous ?

Catherine de Médicis – Mon fils, bien doucement.

Henri III – Moi, très bien, je suis Roi de France ! J'ai tué le Roi de Paris !

Catherine de Médicis – J'ai peur de comprendre, mon fils. Par Dieu, ne me dites pas que vous avez tué le Duc de Guise !

Henri III – Si fait, ma mère ! Je ne pouvais plus tolérer son insolence. J'avais bien essayé de la supporter pour ne point tremper mes mains dans son sang. Mais sachant et ayant eu la preuve qu'il sapait et menaçait mon autorité, ma vie et mon Etat, je me suis résolu à cette extrémité !

Catherine de Médicis – Bien taillé, mon fils, maintenant, il faut recoudre.

Henri III – Je veux sauver mon peuple et mon royaume de l'Espagne ! Je veux tenir les Etats Généraux, mais je veux que ceux-ci parlent en sujets et non en souverains !

Catherine de Médicis – Mais vous rendez-vous compte que, par cet acte, vous allez déchaîner les Catholiques contre vous ?

Henri III – J'y ai pensé : J'ai fait éliminer les chefs de la Ligue, à commencer par le Cardinal de Guise !

Catherine de Médicis – Un dernier conseil, mon fils : emparez-vous sans tarder d'Orléans ! Sinon les troupes de la Ligue attaqueront le château !

Henri III – Bien, Madame ! Je ferai comme il me semblera le plus juste. Mais je veux que vous sachiez que je vais reprendre contact avec mon cousin de Navarre et tenter de m'allier avec lui contre les derniers chefs Ligueurs. J'espère qu'il acceptera, car de lui dépend la continuité et la bonne marche du royaume de France.

Catherine de Médicis – Je vous en prie, mon fils : réfléchissez bien avant de faire une telle alliance !

Henri III – Je vous conjure de ne plus vous mêler de ces affaires-là. Reposez-vous, vous me semblez bien lasse.

Catherine de Médicis – Ne vous inquiétez pas pour moi, mon fils. Juste un peu de fatigue. Mon heure n'est pas encore venue…

Henri III – Dieu vous entende, ma mère.

Catherine de Médicis – Pas Dieu, mon fils. Mon astrologue : il m'a prédit que je mourrai près de Saint-Germain. C'est pour cela que j'ai quitté le Louvre pour m'installer ici : il n'y a pas une paroisse ou un lieu dit portant ce nom à plusieurs lieues à la ronde.

Henri III – Encore les prédictions de ce Ruggieri ! Je vous laisse donc à vos affaires, Madame, et je retourne aux miennes ! *(Il sort)*

Catherine de Médicis – Allez gouverner, mon fils. Gouvernez ! Je ne peux plus faire grand chose. J'aurai donc échoué : ma race s'éteindra avec moi, et Navarre sera Roi… Maudit soit le Ciel !

Arrive un homme encapuchonné

L'homme – Madame, je viens pour votre messe quotidienne.

Catherine de Médicis – Tiens, ce n'est point mon aumônier habituel ?

L'homme – Il est souffrant, madame, et m'a demandé de le remplacer.

Catherine de Médicis – Le pauvre homme. Espérons qu'il se remette vite. Comment vous appelez-vous ?

L'homme – Julien de Saint-Germain, Madame.

Scène 4
Guérin, le mendiant, déambule dans les rues de Paris, un pichet à la main.

Guérin – C'est la fin du royaume ! Partout où mon regard se pose, je ne vois que désolation, ruines et cadavres ! L'air empeste de l'odeur de chair brûlée, et les gibets de potences nous offrent les danses macabres de pantins désarticulés et grimaçants… La fureur des Princes fait plus de morts que la plus effroyable des guerres !

Sylvius *(arrive)* – Guérin ! Est-ce toi, joyeux compagnon qui te lamente ainsi ?

Guérin – Oui, mon ami. Je suis las de contempler le vilain spectacle que nous donnent les grands seigneurs de ce pays ! Quand cesserons-nous de subir leurs folies et leurs haines ?

Sylvius – Morbleu ! Tu as dû trop boire de cette vinasse ! Tu as l'alcool triste et tu vas parvenir à me faire pleurer avec toi !

Guérin – Je bois à la santé de ces Messieurs les Ducs et autres Barons ! Trucidez-vous, hommes de noble sang, et que le Diable vous emporte, vous et votre haine !

Sylvius – Trêve de mélancolie ! Aujourd'hui est jour de fête et d'espérance ! Il me faut t'annoncer une nouvelle !

Guérin – Et quelle nouvelle ?

Sylvius – Est-il possible d'ignorer ce qui se passe ?

Guérin – Sylvius, sache que les affaires de ce monde-là ne m'intéressent plus guère.

Sylvius – Ami : les troupes du roi de Navarre et celles du roi de France vont se rejoindre tout près d'ici !

Guérin – Une nouvelle bataille…

Sylvius – Non point ! Les rumeurs disent que le Béarnais s'est laissé convaincre de rencontrer son royal cousin !

Guérin – Est-il possible ?

Sylvius – Ils parlent de combattre ensemble les armées du Duc de Mayenne et des Ligueurs !

Guérin – Allons assister à cette réconciliation, compagnon !

Sylvius – Inutile d'aller bien loin ! Je vois le roi et ses gens arriver dans notre direction ! Garons-nous, les voilà !

Scène 5

Arrive Henri III suivi de Bellegarde, d'Ornano, et de Laugnac.

Laugnac – Ecartez-vous, mendiants ! Faites place au Roi ! Faites place ou je vous bastonne !

Ornano – N'en faites rien, Laugnac : je reconnais ces hommes. Ce sont ceux qui nous ont ramené notre malheureux Quélus juste avant qu'il ne meure !

Henri III - Que dis-tu ? Le Destin me fait donc rencontrer ceux qui m'ont permis de tenir dans mes bras mon Quélus jusqu'à son dernier souffle ?

Guérin – Oui, Sire. Votre ami était un parfait gentilhomme et sa mort nous a été une pénible nouvelle.

Henri III – Je te prie te recevoir la reconnaissance d'un Roi dont le cœur est déchiré. Toi et ton compagnon serez récompensés de votre geste. *(À Bellegarde)* Est-ce bien ici que Navarre doit venir ?

Bellegarde – Oui, Majesté. Son messager m'a dit qu'il viendrait aussi vite que possible à votre rencontre !

Henri III – Je n'ose y croire ! Il y a tant d'années que nous ne nous sommes point revus ! Quelle sera sa réaction en me voyant ? Acceptera-t-il de s'allier à nous ?

Bellegarde – Je crois que nous pouvons avoir confiance de ce côté-là, Majesté ! Il a autant besoin de vous que vous avez besoin de lui !

Henri III – Dieu t'entende, mon cher Bellegarde ! Laugnac ! Vos hommes ne voient-ils rien arriver ?

Laugnac – Si fait, Majesté ! Les troupes de Navarre arrivent ! Je le vois descendre de sa monture au loin ! Il peine à se frayer un chemin parmi la foule pour venir jusqu'à nous !

Navarre apparaît enfin, vieilli, habillé simplement et coiffé d'un large chapeau à panache blanc, suivi de quelques gentilshommes huguenots.

Navarre *(se jetant aux pieds du Roi)* – Je peux mourir, j'ai vu mon Roi !

Henri III le relève et le prend dans ses bras.

Henri III – Me pardonnerez-vous, mon cousin, de toutes les méchancetés que j'ai eu à votre encontre ?

Navarre – C'est plutôt à moi de vous demander grâce de toutes les défiances que j'ai eues envers vous, ô mon Roi !

Henri III – Que nenni : vous avez fait ce que vous deviez pour vous sauvegarder, vous et les vôtres ! Je remercie Dieu de vous ramener à moi et de vous embrasser comme un frère !

Navarre – J'ai toujours eu une grande affection envers vous, mon Roi ! Et notre éloignement n'a été que le fruit de bien des manœuvres et de complots imaginés par nos ennemis. J'ai appris comment vous avez expédiez nos cousins de Lorraine. Et j'ai appris également le décès de votre mère.

Henri III – Dieu sait qu'elle ne vous aimait pas, Henriot, et elle vous le faisait bien sentir. Mais arrêtons de parler du passé, et regardons l'avenir ! Scellons publiquement notre alliance, et montrons à la Ligue que les Rois de France et de Navarre sont encore loin d'avoir abdiqué !

Navarre – Ventre Saint-Gris ! Voilà le phrasé digne d'un Gascon, Majesté ! Bouttons les Ligueurs hors de Paris !

Scène 6
Le Roi est assis au milieu de ses gens.

Henri III - Voilà plus de quatre jours que nous sommes aux portes de Paris ! Les Parisiens veulent-ils vraiment me revoir dans leurs murs ?

Bellegarde – Sire, ordonnez que nous entrions de force par la porte de Saint-Cloud, et détruisons tout ce qui pourrait nous résister jusqu'à Paris !

Henri III – Vous êtes jeune et impulsif, Bellegarde. Faire ainsi, ce serait provoquer un massacre dans la capitale. Et même si les Parisiens ne m'aiment pas tous, ce serait grand dommage de ruiner et perdre une si bonne et belle ville ! Mais quel est tout ce bruit ?

Arrive Ornano

Ornano – Sire, un moine jacobin désire vous parler. Il crie, il hurle mais vos gardes empêchent ce drôle d'entrer !

Henri III – Qu'il entre ! Si on le rebute, on m'accusera encore de chasser les moines !

Ornano – Bien, Sire ! *(il fait entrer le moine)*

Le moine *(un genou à terre)* – Mes respects, Majesté ! Que le Ciel vous bénisse…

Henri III – Quel est ton nom et que me veux-tu ?

Le moine – Je m'appelle Jacques Clément, Majesté. Je viens du couvent dominicain de la rue Saint-Jacques. Mon prieur m'a chargé de vous remettre des lettres de vos amis embastillés…

Henri III – Des lettres ? Donne.

Le moine – Puis-je demander à Sa Majesté la faveur d'une audience en tête-à-tête ? J'ai à lui dire des choses très confidentielles…

Henri III - Soit, mais fais vite, j'ai fort à faire, aujourd'hui.

Les hommes du Roi s'écartent vers le fond. Le Roi commence à lire une des lettres. Le moine, toujours agenouillé, sort un couteau de l'une de ses manches, et enfonce la lame dans le ventre du Roi. Celui-ci arrache lui-même le poignard de la plaie et crie :

Henri III – Ah, le méchant moine, il m'a tué ! Qu'on le tue !

Laugnac et Ornano accourent du fond et tuent l'assassin.

Laugnac – Meurs, maudit moine !

Ornano – Va brûler en enfer !

Bellegarde *(près du Roi)* – Que l'on appelle le médecin ! Vite !

Scène 7

Henri III, alité, dicte une lettre à Bellegarde. Arrive Ornano accompagné de Navarre

Ornano – Sire, Monsieur de Navarre vient d'arriver à l'instant !

Navarre – Majesté, comment vous portez-vous ?

Henri III – Fort bien, ma foi ! Mes médecins m'ont dit que la blessure était bénigne, et que quelques pansements et du repos suffiraient à ma guérison. Ils espèrent me voir à cheval dans dix jours !

Navarre – Je remercie Dieu de vous garder en bonne santé !

Henri III – Quel dieu ? Le votre ? Il ne doit pas le souhaiter…

Navarre – Notre dieu est le même, Sire ! Seuls les hommes lui inventent des particularités pour se l'approprier !

Henri III – Cousin, je vous conjure de revenir à la religion catholique ! Je sens bien, au fond de mon âme, que vous serez appelé à me remplacer un jour…

Navarre – N'en dites rien, Majesté. Vous avez entendu vos médecins : vous serez vite remis !

Henri III – Ecoutez-moi : j'ai travaillé pour conserver au mieux l'autorité du Roi en France ! J'ai même tué un Lieutenant Général et un Cardinal pour cela, le Pape m'a excommunié aux yeux de tous ! Vous ne pouvez pas vous soustraire à votre devoir ! Revenez à la Sainte Eglise ! *(il se relève légèrement)* Aaaah !

Navarre – Sire ! Qu'y a-t-il ?

Henri III – Une douleur…dans le ventre. La tête me tourne !

Navarre – *(à Bellegarde)* Appelez un médecin ! Sa Majesté se sent mal !

Le médecin arrive

Le médecin *(regardant la blessure du Roi)* – Mon Dieu ! La plaie s'est rouverte ! Sire, vous faites un saignement interne ! L'intestin est perforé !

Henri III – Ainsi, je suis perdu !

Le médecin – Majesté, pardonnez-moi, je ne puis rien tenter…

Henri III – Ce n'est point votre faute. Mon heure est donc venue, Dieu en a décidé ainsi.

Navarre *(s'agenouillant)* – Sire ! Cela ne se peut ! Vous ne pouvez point laisser vos sujets ainsi, alors que le royaume a tant besoin de son Roi !

Henri III – Le royaume a déjà son Roi, cousin : c'est vous ! Je vais mourir. Vous êtes mon seul héritier, mais il ne peut y avoir de Roi de France que Catholique. Je vous laisse ma couronne et mon neveu. Je vous prie d'en avoir soin et de l'aimer. Vous savez aussi combien j'affectionne mon jeune ami Bellegarde. Faites état de lui, il vous servira fidèlement.

Navarre – Sire…

Henri III – *(à son médecin)* – Faites entrer mes fidèles amis.

Bellegarde, Ornano et Laugnac entrent.

Henri III – Messieurs, je vous prie de reconnaître après moi mon frère que voilà et de lui prêter serment en ma présence. Reconnaissez Monsieur de Navarre comme votre Roi après moi !

Tous se regardent, hésitant.

Bellegarde – Sire…

Henri III *(se redressant)* – Je vous l'ordonne !

Avec réticence, tous s'inclinent devant Navarre

Henri III – Voilà qui est fait. Ma conscience ne me reproche plus rien, je me sens en règle avec le royaume, avec l'avenir. Je vois venir la mort … Le moment est enfin venu pour moi de quitter cette existence cruelle, pleine de trahisons. Dommage pourtant de devoir partir par ce bel été qui s'annonce. Dites à ma petite reine que je la regretterai… *(À Bellegarde)* Quelles sont ces larmes, mon jeune ami ? Pourquoi cette tristesse ? J'ai vécu ma part. Profite de ta jeunesse et de la vie, comme l'ont fait jadis mes chers compagnons.

Bellegarde – Sire, ne nous abandonnez pas !

Henri III – Je serai près de vous…Mais…quels sont ces bruits ? J'entends le son des fifres au loin, entendez-vous ? Du Guast, Quélus, Joyeuse, j'arrive enfin ! Seigneur, je demande à Votre miséricorde divine qu'il vous plaise avoir soin du salut de mon âme !

Bellegarde *(en pleurs)* - Mon Dieu ! Absolvez-nous des péchés commis auprès du Roi !

Ornano – Taisez-vous ! Vous parlez comme une femme !

Henri III - Je suis marri d'avoir affligé mes serviteurs… *(Se redresse soudain, tend une main devant lui)* J'arrive, me voici… ! *(Il expire)*

La lumière faiblit en même temps que le bruit sourd des rires semblant venir d'outre-tombe se fait entendre de plus en plus.

Epilogue

Guérin le Mendiant – « *Le roi est mort ! Vive le roi !* », serait-on tenté de dire. Seulement, si ce pauvre Henri meurt l'âme presque en paix, son successeur n'est pas prêt de monter sur le Trône.

Celui que l'on surnommait naguère « *le Petit Béarnais* » mettra près de dix ans à gagner son royaume à la force de son bras. Et il dû encore abjurer sa foi protestante pour pouvoir se faire sacrer. « *Paris vaut bien une messe !* » aurait-il dit. Le connaissant, ce serait plutôt « *Paris vaut bien une fesse !* »

Il sera aimé de son peuple, qui le surnommera « *le bon roi Henri* ». Pourtant, ce bon vivant ne pourra empêcher le destin de s'accomplir. Son tout viendra. Il mourra comme ses cousins Guise et Henri III : assassiné par un fanatique. Mais ceci est une autre histoire.

En ce qui concerne celle que vous venez de voir, elle s'arrête ici, en ce tableau où nous retrouvons les personnages figés tels qu'ils le sont dans notre mémoire. Figés à jamais, enveloppés dans leur destin. Regardez-les bien. Puisse ces personnages vous rappeler combien notre destin est pareil au leur : effroyablement simple. Quel souvenir laisserons-nous dans la mémoire des Hommes ? Que nous soyons rois ou roturiers, grands ou petits, riches ou pauvres, notre destin est déjà écrit pour ceux qui arriveront après nous.

C'est si simple en fait la vie. Effroyablement simple. Peut-être trop simple pour certains. Alors ils espèrent marquer de leur empreinte leur passage dans l'Histoire. Ils soulèvent des hommes, proclament des lois, mènent des révoltes. Se croyant investis d'une mission, ils espèrent faire le bien.

La fureur des princes, la fureur des grands, attiseront toujours la fureur des hommes.

Fin

·

© 2009 Hervé Bastien
Edition : Books on Demand GmbH, 12/14, rond-point des Champs
Elysées, 75008 Paris, France
Imprimé par : Books on Demand GmbH, Norderstedt, Allemagne
ISBN 978-2-8106-0499-9
Dépôt légal : décembre 2009